_____ 님께

사랑하는 자녀를 위해
눈물로 기도하는
부모가 되기를 바랍니다.

_____ 드림

자녀의 회심을 위하여

아이야

엄마가 널 위해 기도할게

김남준

김남준 현 안양대학교의 전신인 대한신학교 신학과를 야학으로 마치고, 총신대학교에서 목회학 석사와 신학 석사 학위를 받았으며, 신학 박사 과정에서 공부했다. 안양대학교와 현 백석대학교에서 전임 강사와 조교수를 지냈다. 1993년 열린교회(www.yullin.org)를 개척하여 담임하고 있으며, 현재 총신대학교 신학과 조교수로도 재직하고 있다. 청교도적 설교로 널리 알려진 저자는 아우구스티누스를 비롯한 보편교회의 신학과 칼빈, 오웬, 조나단 에드워즈와 17세기 개신교 정통주의 신학에 천착하면서 조국 교회에 신학적 깊이가 있는 개혁교회 목회가 뿌리내리기를 갈망하며 섬기고 있다.

주요 저서로는 1997년도 기독교 출판문화상을 수상한 『예배의 감격에 빠져라』와 2003년도 기독교 출판문화상을 수상한 『거룩한 삶의 실천을 위한 마음지킴』, 2005년도 기독교 출판문화상을 수상한 『죄와 은혜의 지배』를 비롯하여 『구원과 하나님의 계획』, 『게으름』, 『자기 깨어짐』, 『하나님의 도덕적 통치』, 『교사 리바이벌』, 『자네, 정말 그 길을 가려나』, 『목회자의 아내가 살아야 교회가 산다』, 『설교자는 불꽃처럼 타올라야 한다』, 『돌이킴』, 『싫증』, 『개념없음』, 『그리스도인이 빛으로 산다는 것』, 『가상칠언』, 『목자와 양』 등 다수가 있다.

자녀의 회심을 위하여
아이에게 엄마가 널 위해 기도할게

ⓒ 생명의말씀사 2013

2013년 5월 10일 1판 1쇄 발행
2022년 3월 11일   6쇄 발행

펴낸이 | 김창영
펴낸곳 | 생명의말씀사

등록 | 1962. 1. 10. No.300-1962-1
주소 | 서울 종로구 경희궁1길 6(03176)
전화 | 02)738-6555(본사) · 02)3159-7979(영업)
팩스 | 02)739-3824(본사) · 080-022-8585(영업)

지은이 | 김남준

기획편집 | 태현주, 김정주
내지디자인 | 조현진
표지디자인 | 디자인집
인쇄 | 영진문원
제본 | 보경문화사

ISBN 978-89-04-16420-2(03230)

저작권자의 허락없이 이 책의 일부 또는 전체를
무단 복제, 전재, 발췌하면 저작권법에 의해 처벌을 받습니다.

자녀의 회심을 위하여

아이야 엄마가 널 위해 기도할게

아이야, 회심했니?

아이야,
너희가 하나님께 겸손히 무릎을 꿇고 애원하는 모습은 특별했단다.
어느 전도사님께서 너희에게 도전하셨지.

"하나님과 불화하며 그분과 무한한 거리감을 가지고 살겠습니까?

아니면 화목하겠습니까?

여러분이 하나님께 등 돌리며 제멋대로 사는 것이

얼마나 하나님을 모독하는 것인지 아십니까?

그 영광스러운 하나님을!"

말을 맺지 못하고 외치는 설교자 앞에서
너희들은 하나님께 절규했지.

"하나님, 살려 주세요. 하나님, 변화시켜 주세요."

너희가 이렇게 하나님 앞에 대면하고 있을 때,
그 옆방에서는 엄마와 아빠들이 비슷한 기도를 드리고 있었단다.
아아, 그리고 우린 눈물로 회개했어.
그 누가 자녀의 영혼을 위해 기도할 때
당당하게 하나님을 바라볼 수 있겠니?

하나님의 형상으로 지어졌음에도
세상의 형상으로 가득한 자식의 모습을 볼 때
어느 부모가 주먹으로 가슴을 치지 않을 수 있겠니?

아이야,
집회 속에서 하나님을 향한
너희의 가난한 마음, 정직한 눈빛을 보았어.
말씀 앞에 겸비했던 그 마음을
우리 어른들에게도 하나님께서 주실까?
짧은 시간을 살아온 너희가 죄로 인해 그리도 몸부림쳤는데,
긴 세월을 죄와 짝하며 살아온 우린
얼마만큼의 회개의 눈물로 주님께 돌아가야 할까?
주님께서 우리 어른들의 딱딱한 마음을 기경시키실까?

아이야, 회심했니?
그러면 우리 어른들을 위해서 기도해 다오. 꼭.

열린교회 신미숙

| 들어가는 글 |

어미의 눈물, 아비의 기도

"부모를 마음대로 정할 수 있다면, 나를 위해 눈물 흘리는 어머니와 기도하는 아버지가 있는 집안에서 태어나고 싶습니다." 홀로 믿음생활 하는 것이 얼마나 어려운지를 아는 사람이라면 누구나 이런 소원을 가져 보았을 것입니다.

너무나 안타까운 것은 불신자가 아니라 그리스도인이 되었는데도 자녀들의 회심과 구원에 대해 깊은 관심을 갖지 않는 부모들이 의외로 많다는 것입니다. 그들은 분명 자신의 영혼에 대해서도 큰 관심을 갖지 않는 사람일 것입니다. 왜냐하면 자신의 영혼을 위해 울 수 있는 사람만이 자녀의 영혼을 위해서도 눈물 흘릴 수 있기 때문입니다.

인간의 영혼이 가장 맑고 아름다울 때가 두 번 있습니다. 한 번은 자신의 죄를 깨닫고 진실하게 참회할 때이고, 또 한 번은 다른 사람의 영혼을 위하여 울 때입니다. 그리고 이 둘 모두 사랑 없이는 결코 할 수 없는 일입니다.

언젠가 우리가 더 돌보지 못하고 이 세상에 남겨 두고 갈 자녀들을 위한 최고의 보험은 그들로 하여금 하나님을 진심으로 사랑하는 신앙의 사람들이 되게 하는 것입니다. 이를 위해서는 우리의 자녀들이 복음 앞에서 참으로 회심해야 합니다. 그리고 하나님의 모든 말씀 안에서 영적으로, 인격적으로 성숙하여 거룩하게 살아가야 합니다.

이 책은 회심하지 못한 자녀들을 바라보시는 하나님 아버지의 마음을 부모들에게, 또 부모들을 통해 다음 세대에 자라나는 우리 자녀들에게 전해 주기 위해 만들어졌습니다. 부디 이 책을 읽는 부모님들에게 자녀를 향한 그리스도의 마음이 가득 부어지기를 바랍니다.

자녀를 위한 기도는 멈추지 말아야 합니다. 마침내 자녀들이 참된 신앙의 길에 든든히 서는 그날까지…….

그리스도의 노예 김남준

 목 차

프롤로그   아이야, 회심했니? 6
들어가는 글 어미의 눈물, 아비의 기도 14

1장 참척慘慽, 그 쓰라림에 울 때 19

2장 영혼의 목마름 37

3장 눈물의 자식은 망하지 않는다 55

4장 두 가지 성품 77

5장 진정한 행복의 비결 103

6장 회심의 화로, 가정   123

7장 회심을 기뻐하시는 하나님   143

8장 자기를 찾는 자에게 은혜를 베푸시는 하나님   159

9장 은혜의 말씀께 부탁하라   177

10장 여호와를 경외하는 자의 복   193

부록 회심이 무엇이냐고 묻는 아이에게   208
     이제 막 회심하고 기도하고 싶어하는 아이에게   212
     아이들의 회심 이야기   216

1장

참척慘慽,
그 쓰라림에 울 때

그 후에 예수께서 나인이란 성으로 가실새 제자와 많은 무리가 동행하더니 성문에 가까이 이르실 때에 사람들이 한 죽은 자를 메고 나오니 이는 한 어머니의 독자요 그의 어머니는 과부라 그 성의 많은 사람도 그와 함께 나오거늘 주께서 과부를 보시고 불쌍히 여기사 울지 말라 하시고 가까이 가서 그 관에 손을 대시니 멘 자들이 서는지라 예수께서 이르시되 청년아 내가 네게 말하노니 일어나라 하시매 죽었던 자가 일어나 앉고 말도 하거늘 예수께서 그를 어머니에게 주시니 눅 7:11-15

 "자식을 앞세우고도 살겠다고 꾸역꾸역 음식을 처넣는 에미를 생각하니 징그러워서 토할 것만 같았다." 예비 의사 외아들을 사고로 떠나 보낸 소설가 박완서 씨의 고백입니다.

 20세기 역사를 흔들어 놓은 사회주의 사상가이자 경제학자 칼 마르크스(Karl H. Marx) 역시 아이의 죽음 앞에서 무너져 내렸습니다. "내 아이의 죽음은 나를 뿌리부터 뒤흔들었다. 나는 마치 어제 일이었던 것처럼 예리하게 아픔을 느낀다. 내 불쌍한 아내는 완전히 무너졌다."

 외국의 한 록 가수는 네 살 난 아들을 사고로 잃고 술과 마약에 탐닉했으며, 나라를 구한 이순신 역시 다를 바 없었습니다. "하늘이 이다지도 어질지 못한가? 간담이 타고 찢어지는 것 같다. 내가 죽고 네가 사는 것이 올바른 이치인데……. 네가 죽고 내가 살다니 이것은 이치가 잘못된 것이다. 내가 죄를 지어서 그 화가 네 몸에까지 미친 것이냐?"

이렇듯 모든 시대 모든 나라에서 자녀를 잃은 부모들은 비통한 눈물을 흘렸습니다.

그들은 모두 '참척'(慘慽)의 고통에 울부짖었습니다. '비참하다'의 '참'(慘)과, '비통한 고통'을 뜻하는 '척'(慽)이 만난 이 슬픈 단어를 우리는 자식이 부모보다 먼저 세상을 떠났을 때 사용합니다. 겪어 보지 못한 사람은 이들의 슬픔을 감히 상상할 수도 없을 것입니다.

두 행렬의 만남

성경에도 참척을 당한 여인이 등장합니다.

나인이라는 동네에서 일어난 일입니다. 나인은 아주 작은 성이었습니다. 예수님께서 그곳에 가실 때 제자들과 더불어 많은 무리들이 동행하였습니다. 그들은 주님의 말씀을 듣고 은혜를 받아 따르던 사람들이거나 혹은 전적으로 예수님을 따라다니면서 영혼을 구원하는 일에 헌신된 전도자들의 무리였습니다.

그때 성 저쪽에서 또 다른 행렬이 예수님께로 다가오고 있었습니다. 관을 멘 사람들이 앞서고, 눈물을 흘리며 통곡하는 어미와 함께 슬퍼하는 조문객들이 뒤따랐습니다.

두 행렬이 마주하던 순간을 상상해 보십시오. 한 행렬에는 생명의 주이신 그리스도가 앞서시고 영혼을 살리는 전도자들이 뒤따르고, 또 다른 한 행렬에는 죽은 자가 앞서고 그 죽음을 슬퍼하는 어미와 가족 친지들, 이웃들이 뒤따르고 있었습니다. 생명의 행렬과 죽음의 행렬이 만난 것입니다. 이때 예수님께서는 참척을 당한 어미를 만나십니다.

나인성의 어미에게 이 자식은 하나밖에 없는 독자였습니다.

예부터 어른들은 이 같은 참척을 '상명'(喪明)이라 했습니다. 상명이란 눈앞의 밝은 빛이 캄캄하게 닫혀 칠흑으로 바뀌어 버린 상태로, 본래 시력을 잃어 소경이 되는 것을 의미합니다. 중국 전국 시대의 학자 자하(子夏)가 아들의 죽음에 너무 상심하여 실명했다는 고사에서 유래한 말이라고 합니다. 대를 이을 아들의 죽음일 경우 더욱 슬프게 생각하여 참척이라 하지 않고 상명이라 한 것입니다. 그야말로 빛을 잃고 희망을 빼앗긴 것을 가리킵니다.

설령 자식이 열이라 하더라도 '열 명 중에 하나 죽었으니 그냥 잊고 살지 뭐.'라고 생각할 부모는 없습니다.

거기다 이 나인성의 어미는 늙었고 남편도 없는 과부였습니다. 몇 년을 과부로 살았는지 언급되어 있지는 않지만, 어쩌면 아이가 아주 어렸을 때 남편을 잃고 이 자식 하나만을 바라보고 살아왔는지도 모릅니다.

그런데 그녀의 유일한 혈육이 죽었습니다. 그녀가 당한 참척은 그런 것이었습니다. 그러니 그 슬픔이 어떠했겠습니까? 아마 삶의 모든 희망이 끊어지는 것 같고 차라리 죽은 자식의 목숨과 자신의 목숨을 바꿀 수 있다면 망설이지 않고 기꺼이 그렇게 하고 싶었을 것입니다.

더 두려운 것

그러나 생각해 보십시오. 영원에 비하면 인생에서 십 년 이십 년을 더 살고 덜 사는 문제는 아무것도 아닙니다. 오히려 육체의 죽음은 영원히 함께 살 부활 시에 다시 입을 거룩한 옷을 덧입기 위한 준비일 뿐입니다. 그러나 모든 사람에게 동일하게 죽음이 주어지지만 죽음 이후에 모든 사람에게 꼭 같은 결말이 주어지는 것은 아닙니다. 죽음 이후의 영원한 삶이 어떠할지는 죽음 이전의 짧은 생애에서 판가름납니다. 이 땅에서의 짧은 생애가 우리의 영원을 결정하는 것입니다.

그러므로 우리가 육체의 참척보다 더 두렵고 가슴 아파해야 할 것은 영혼의 참척입니다.

육체의 참척이 부모에게 그토록 애달픈 것이지만 아이가 주님을 잘 믿다가 죽었다면 그 아이는 주님이 다시 오시는 날에 반드시 부활할 것입니다. 그렇게 본다면 믿음 안에서 부모와 자식은 이 세상에서 잠깐의 헤어짐을 경험하는 것입니다.

여러 해 전, 저희 교회에도 어린아이가 부모보다 먼저 하늘나라에 간 일이 있었습니다. 너무나도 가슴 아픈 일이었지만 숨을 거두기 직전 엄마 아빠가 아이의 손을 꼭 잡고 "하늘나라에 가서 조금만 기다려, 엄마 아빠도 곧 갈게. 알겠지?"라고 말하자, 아이는 "응……." 하고는 스르르 눈을 감았습니다. 비록 지금은 가슴 아픈 헤어짐을 경험하고 있지만 그들에게는 잠시 후면 다시 만날 소망이 있습니다. 이후에 영원히 계속될 하늘가족으로서의 삶은 슬픔과 고통이 많은 이 세상에서의 가족의 삶과는 비교할 수도 없이 행복할 것입니다.

그러나 사랑하는 자녀가 오늘도 생기발랄하게 뛰어놀고 있지만 영혼은 죽은 상태에 있어서 하나님과의 어떤 교제도 없이 흑암 속에 결박되어 있다고 생각해 보십시오. 오늘도 환한 웃음으로 엄마 아빠의 볼에 뽀뽀를 안겨 준 내 아이가 아직 회심하지 않았다면, 정확히 말해서 아이는 이 세상 신이 믿지 못하도록 복음의 광채를 가려 결국은 하나님의 형벌을 받고 영원한 심판에 떨어질 수밖에 없는 영혼의 참척 상태에 있는 것입니다.

여러분의 자녀는 지금 어떠한 상태에 있습니까? 만약 아이가 영적인 참척 상태에 있음에도 눈물 한 방울 흘리지 않는 부모라면 그것이 만약 여러분이라면 여러분의 마음은 자녀에게 가 있는 것이 아닙니다.

자식보다 더 사랑하는 것

아주 잘 나가던 사업가가 있었습니다. 재산이 4백 억이나 되면서도 얼마나 절약 정신이 투철하던지 주차를 할 때도 한 시간의 공영 주차비가 아까워서 관리하는 사람들이 퇴근하길 기다렸다가 차를 뺄 정도로 억척스런 사람이었습니다. 그의 그런 억척스러움은 지속적으로 사업의 성공을 불러왔고 회사는 우수중소기업으로 선정되어 특별사례로 신문에 소개되기도 하였습니다.

그런데 이 사람이 친구 집에 문상을 갔다가 시간이 남아 사람들이 유명한 곳이라고 추천하는 곳에 함께 가게 되었습니다. 그곳은 바로 강원도에 있는 카지노였습니다. 재미삼아 슬롯머신을 몇 번 돌려봤는데 그날 하루에만 7백만 원을 손에 넣었습니다.

일주일이 채 지나지 않아 그는 그곳을 다시 찾았습니다. 아마 처음 방문하면 일부러 돈을 따게 해주는 모양입니다.

문제는 다시 찾은 날부터 시작되었습니다. 순식간에 2천만 원을 잃은 것입니다. 자수성가한 사람의 특징이 손해 보고는 못 배기는 것입니다. "에이, 자식들!" 하고 손을 털어 버렸으면 그나마 괜찮았을 텐데 다시 주차비를 아껴 가며 2천만 원을 모을 생각을 하니 울화가 치밀어 오른 것입니다. 그래서 복수를 하러 갔습니다. 그리고 결국은 4백 억을 모두 날리고 말았습니다.

돈을 어떻게 다시 찾아올까 혈안이 되어 있는데 갑자기 집에서 전화 한 통이 걸려 왔습니다. 파르르 떨리는 아내의 목소리였습니다. "여보…… 우리 딸이 죽었어. 빨리 와." "지금 너무 바빠, 사업상 중요한 일이야!" 그는 그렇게 둘러대곤 계속 도박에 열중했습니다.

"자식을 전혀 사랑하지 않은 인간이다!" 그의 이야기를 들은 사람들은 자식도 모르는 비정한 아비라고, 인간도 아니라고 그를 욕했습니다. 그러나 정확하게 말하면 그는 자식을 사랑하지 않은 게 아니라 자식보다 더 사랑하는 것이 생긴 것입니다. 자식의 죽음에 대한 슬픔조차 느끼지 못할 정도로 정신이 다른 데 가 있었던 것입니다.

이는 엄밀한 의미에서 최고의 관심과 사랑은 떠난 것입니다. 그렇게 다른 데에 마음을 빼앗긴 부모는 자식이 죽어도 눈물 한 방울 흘리지 않습니다. 부모로서 제 새끼를 사랑하지 않는 부모가 어디에 있겠습니까? 그 사람도 아마 정말 사업상의 일 때문에 출장을 갔더라면 무슨 일이든 접고 달려갔을 것입니다. 정신을 차린 후에 그는 자기가 왜 그랬는지, 자신이 죽도록 밉다고 고백했습니다.

눈물 흘리지 않는 부모

자녀가 육적인 참척보다 더 두려운 영적인 참척의 상태에 있음에도 불구하고 자녀를 위해서 슬퍼할 수 없다면 그것은 더 심각한 문제입니다. 많은 부모들은 자기 자식이 너무 강퍅해서 회심을 하지 않는다고 생각합니다. 그러나 그렇지 않습니다.

청교도 목사 리처드 백스터(Richard Baxter)는 자신의 책에서 다음과 같이 말했습니다.

> "우리가 자기 자신보다 다른 사람을 더 많이 사랑할 수 있다는 것인가? ……지옥이 있다는 것을 진정으로 확신하고 있지 않은 이들이 사람들을 지옥으로부터 구해 내려고 열심을 품을 수 있다고 생각하는가? 혹은 천당이 있다고 실지로 믿지 않는 이들이 사람들을 천국으로 이끌려는 열심을 품을 수 있다고 생각하는가? 칼빈(John Calvin)이 말했듯이 '자신의 구원에 태만한 사람은 다른 사람의 구원에 결코 성실한 관심을 쏟을 수 없을 것

이기 때문이다.' ……확실히 자신의 파멸을 아랑곳하지 않는 사람은 다른 사람들이 파멸로 치달아도 개의치 않는다."[1]

그래서 누군가 말했듯이 "회심하지 못한 영혼을 위하여 눈물 흘릴 수 없는 사람은 누군가 다른 사람이 그를 위해 대신 울어 주어야 할 만큼 불쌍한 사람"입니다. 왜냐하면 다른 사람들의 영혼을 향한 눈물은 자신의 영혼을 위한 눈물과 동일한 눈물이기 때문입니다. 영혼은 모두 똑같이 하나님의 형상을 본받은 영혼이고 그리고 그 형상의 원본은 하나님이십니다.

그래서 하나님의 형상이 우리 안에서 혹은 한 영혼 안에서 어그러져 있을 때 우리는 아파하게 됩니다. 단, 우리 마음이 하나님의 영광을 위하고 그분으로 인한 기쁨으로 가득 채워져 있는 한에서 말입니다. 그런데 영혼이 죽어 있는 자가 다른 사람이 아닌 자신의 혈육인 자식이고 핏줄입니다. 그럼에도 자녀의 영혼을 위해 울 수 없다면, 그가 바로 그를 위해 누군가 울어 주어야 할 사람인 것입니다.

단지 통곡한 것밖에는

하나뿐인 아들을 먼저 보낸 나인성의 어미는 말할 수 없는 절망 속에

---

[1] 리처드 백스터, 『참된 목자』 지상우 역 (서울: 크리스챤다이제스트, 1988), 94-95.

서 비통하게 울며 장례의 행렬을 뒤따라가고 있었습니다. 그때 예수님께서 무리와 함께 나타나셨습니다. 왜 하필 예수님께서 그 시간 그곳에 나타나셨는지 성경은 다른 이유를 말하고 있지 않습니다. 나인성에서 다른 일이 있었던 것도 아닙니다. 예수님께서는 오직 한 사건만을 위해 바로 그 시간, 그 장소에 나타나셨습니다.

어떤 주석가는 이 이야기를 모든 복음서 중에서도 가장 아름다운 이야기로 꼽습니다. 죄로 말미암아 하나님을 떠남으로 죽음을 운명으로 여기며 살아가게 된 비참한 인생을 향한 주님의 긍휼히 여기심이 고스란히 담겨 있기 때문입니다.

예수님께서는 그 어미를 진정으로 불쌍히 여기셨습니다. "주께서 과부를 보시고 불쌍히 여기사"(눅 7:13). '불쌍히 여기다'($\dot{\varepsilon}\sigma\pi\lambda\alpha\gamma\chi\nu\acute{\iota}\sigma\theta\eta$), 헬라어에서 긍휼히 여기는 마음과 동정을 나타내는 데 이보다 더 강한 표현은 없습니다. 성경의 다른 곳에서도 예수님께서 백성들을 혹은 한 개인을 불쌍히 여기신다고 표현할 때면 늘 동일한 말이 사용되었습니다.

이 과부가 열렬히 기도했다거나 혹은 예수님께 큰 믿음을 가지고 나아왔다는 이야기는 나오지 않습니다. 이 기사를 통해 우리는 단지 자식의 죽음 앞에서 울고 있는 어미를 불쌍히 여기시는 주님의 주권적인 긍휼과 사랑을 발견합니다.

이 어미가 한 일이라고는 오직 눈물을 흘리며 통곡한 것밖에 없습니다. 참척을 당한 가운데 망연자실 통곡하고 있는 이 여인에게 주님께서 주권적으로 놀라운 기적을 베풀어 주신 것입니다.

불쌍히 여기기만 하면

그녀의 울부짖음이 얼마나 애처로웠으면 예수님께서 친히 이 여인과 대화를 나누시면서 "울지 말라."고 말씀하셨을까요? 여러분은 영혼의 참척을 당한 자식을 위해서 울고 있습니까?

"그만 울어라. 울지 말거라. 죽은 네 아들보다 우는 네가 더 불쌍하구나." 이런 마음으로 주님께서 울지 말라고 말씀하실 만큼 그렇게 자녀를 위해 눈물을 흘리고 있습니까? 마음으로 그리고 실제의 눈에서 흐르는 눈물로 먹을 때나 잘 때나 누울 때나 참척의 상태에 있는 자녀를 보면서 가슴이 미어지십니까?

참척의 상태에 있는 자식을 위해 어미와 아비가 해야 할 의무가 큰 집을 짓는 것이라면 돈이 없는 사람은 못할 수도 있습니다. 유창한 글을 써서 참척의 상태에 있는 아이에게 바치는 것이라면 글재주가 없는 사람은 할 수 없을 것입니다. 그러나 우는 것은 다릅니다. 참척의 상태에 있는 자녀를 불쌍히 여기기만 하면 되는 것입니다.

자녀 없이 간 하늘나라

신학대학원 1학년 때의 일입니다. 시골로 전도 활동을 나가 동리에 있는 어르신들에게 복음을 전했습니다. 그중 한 아주머니와 길가에 앉아서 잠깐 대화를 나누게 되었습니다. 그분은 복음에 대해 관심을 보였고

제 이야기를 경청했습니다. 그러고는 질문을 해오기 시작했습니다.

"그러면 정말 사람이 죽으면 천국과 지옥으로 갑니까?"

"그럼요."

"그럼 예수를 안 믿으면 심판을 받아서 지옥으로 떨어지는 것입니까?"

"맞습니다. 정확합니다."

"그러면 한 번 지옥에 떨어진 사람은 다시 천국으로 돌아갈 기회가 있나요?"

"없습니다."

그때까지 꼬리에 꼬리를 물며 질문을 던지던 그분은 "없습니다."라는 저의 마지막 말에 정색을 하며 "그러면 저는 예수를 믿을 수 없습니다."라고 단호히 말했습니다. 깜짝 놀라 "아니 무슨 말씀이십니까?" 하고 물으니 "제가 모시던 시아버지, 시어머니는 전해 주는 사람이 없어 예수를 못 믿고 돌아가셨는데 그러면 그분들은 지옥에 가서서 고통받고 있으실 텐데 제가 지금 당신의 말을 듣고 예수를 믿어서 천국에 간들 그곳이 어떻게 천국이 될 수 있겠습니까?"라고 답하는 것이었습니다.

지금이라면 충분히 답해 주었겠지만 당시의 저는 할 말을 잃고 말았습니다. 불신자도 자신의 혈육에 대해서 그렇게 생각한다는 것을 보고 한동안 머리가 복잡했습니다.

물론 그 아주머니의 논리는 교리적으로 납득될 수 없지만 그 속에서 우리는 교훈을 얻고 경각심을 가질 필요가 있습니다. 그의 논리대로 저도 부모들에게 이렇게 권면하고 싶습니다. "여러분의 자녀가 계속해서 회심하지 않는다면 영적인 참척의 상태에 있다가 결국은 지옥으로 갈 것입니다. 그런데 여러분이 지금 주님과 동행하며 살아서 미래에 천국에 간다면 자식 없이 간 그 나라가 천국이 될 수 있겠습니까?"

언젠가 우리는 주님 앞에 설 것입니다. 잠시 후면 그럴 것입니다. 그러면 주님께서 물으실 것입니다. "너희 가족들은 다 어디에 있느냐?" 주님께서 그렇게 물으실 때에 "주님, 여기에 다 모였습니다. 그리고 우리의 자녀들도 주님과 함께 동행하며 살다가 믿음의 싸움을 모두 싸운 후에 주님 앞에 올 것입니다."라고 말할 수 있도록 그렇게 살아야 합니다.

부모로서 이 세상에 태어난 자녀에게 두 가지만 해준다면 우리는 다 해준 것입니다. 첫 번째는 아이가 이 사회에서 사람답게 살 수 있도록 교육을 시켜 주는 것이고, 두 번째는 예수님을 만나고 회심하게 해주는 것입니다. 이 두 가지를 한다면 부모로서 해야 할 모든 일을 한 것입니다. 하지만 두 번째 일이 토대가 되지 않는다면 첫 번째 일도 아무런 의미가 없습니다.

다시 살리신 주님께서 계시기에

주님께서는 가까이 다가가셔서 그 관에 손을 대시고 명하셨습니다. "청년아 내가 네게 말하노니 일어나라"(눅 7:14). 주님의 말씀이 떨어지자, 죽었던 자가 일어나 앉고 말도 하였습니다. 그는 분명 "죽었던 자"(눅 7:15)였다고 성경은 명시하고 있습니다. 그는 완전히 죽은 자였습니다. 그리고 "죽었던 자가 일어나 앉고"(눅 7:15)라는 표현에서 '일어나 앉고'란 환자가 병상에서 일어나 앉는 것을 말하는 전문 용어입니다. 이 사건을 지켜본 누가는 의사로서의 언어를 사용하고 있습니다.

창조 때에 "빛이 있으라."는 주님의 말씀대로 빛이 있었던 것처럼, 주님의 말씀이 떨어지자 그 말씀대로 과부의 아들은 죽음에서 일어나 앉았습니다. 방금까지도 가슴을 찢는 비통한 울음소리가 가득하던 장례 행렬은 순식간에 기쁨의 행렬로 바뀌었습니다. 그분의 말씀이 떨어지면 그 어떤 것도 불복할 수 없습니다. 세상의 그 어떤 권세와 능력도, 심지어 죽음까지도 주님의 말씀 앞에서 무릎을 꿇습니다.

그래서 우리는 소망을 갖습니다. 왜냐하면 살리시는 주님께서 계시기 때문입니다. 우리가 아무리 자식을 사랑해도 자녀를 위해 할 수 있는 일은 눈물을 흘리는 것밖에 없습니다. 죽음의 강을 건너는 순간부터는 더더욱 다른 어떤 것도 해줄 수 없습니다. 그러나 주님께서는 당신 자신의 큰 능력으로 죽은 자를 살려 내십니다. 눈앞의 밝은 빛이 캄캄하게 닫혀 칠흑으로 바뀌어 버린 것 같은 처지에 놓인 우리 자녀들의 영혼을 사망에서 생명으로 옮기십니다.

주님의 긍휼히 여기심을 힘입어

우리가 기도를 잘 해서거나 믿음이 굳건해서가 아닙니다. 참척의 상태에 있는 자녀로 인하여 슬피 우는 우리를 주님께서 불쌍히 여기시기 때문에, 또한 죽은 영혼으로 참척되어 있는 우리의 자녀들을 주님께서 긍휼히 여기시기 때문입니다.

사랑하는 독자 여러분, 그런데 여러분은 지금 어떻습니까? 마땅히 슬퍼해야 할 것들을 위해 슬퍼하고 있습니까? 극성맞은 부모들이 많은 시대입니다. 자녀의 교육을 위해 사랑하는 가족들과 멀리 떨어져 모든 수고와 외로움을 견디고 있는 기러기 아빠, 낮이면 일터로 밤이면 가정으로 쉴 새 없이 살아가는 슈퍼우먼 엄마들이 얼마나 많이 있습니까? 그런데 여러분이 아이의 시험 점수에 목숨을 걸어 보았다면 자녀의 회심을 위해서도 목숨을 걸어 보았는지 묻고 싶습니다. 여러분은 아무것도 아닌 일에는 열을 내면서 정말 가슴 아파해야 할 문제에는 초연한 부모이진 않습니까?

자녀의 영적인 참척의 상태를 보십시오. 내 아이가 겉으로 보기에는 말짱하게 살아 있지만 속사람은 관에 누워 있다고 생각해 보십시오. 만약 여러분이 그 아이의 영혼을 위해 눈물로 애통한다면, 주님께서는 부모인 여러분을 불쌍히 여기셔서 아이를 살려 내실 것입니다.

나인성 과부의 죽은 독자의 관 앞에 서신 주님께서 오늘 영적으로 죽어 있는 여러분의 자녀의 마음속에 가까이 오셔서 그 죽은 영혼에 손을 대 주시도록, 그래서 "아이야 내가 네게 말하노니 일어나라." 말씀해 주시도록 아이의 영적인 참척을 바라보며 애통하는 부모들이 되십시오. 주님의 긍휼히 여기심을 힘입어 말입니다.

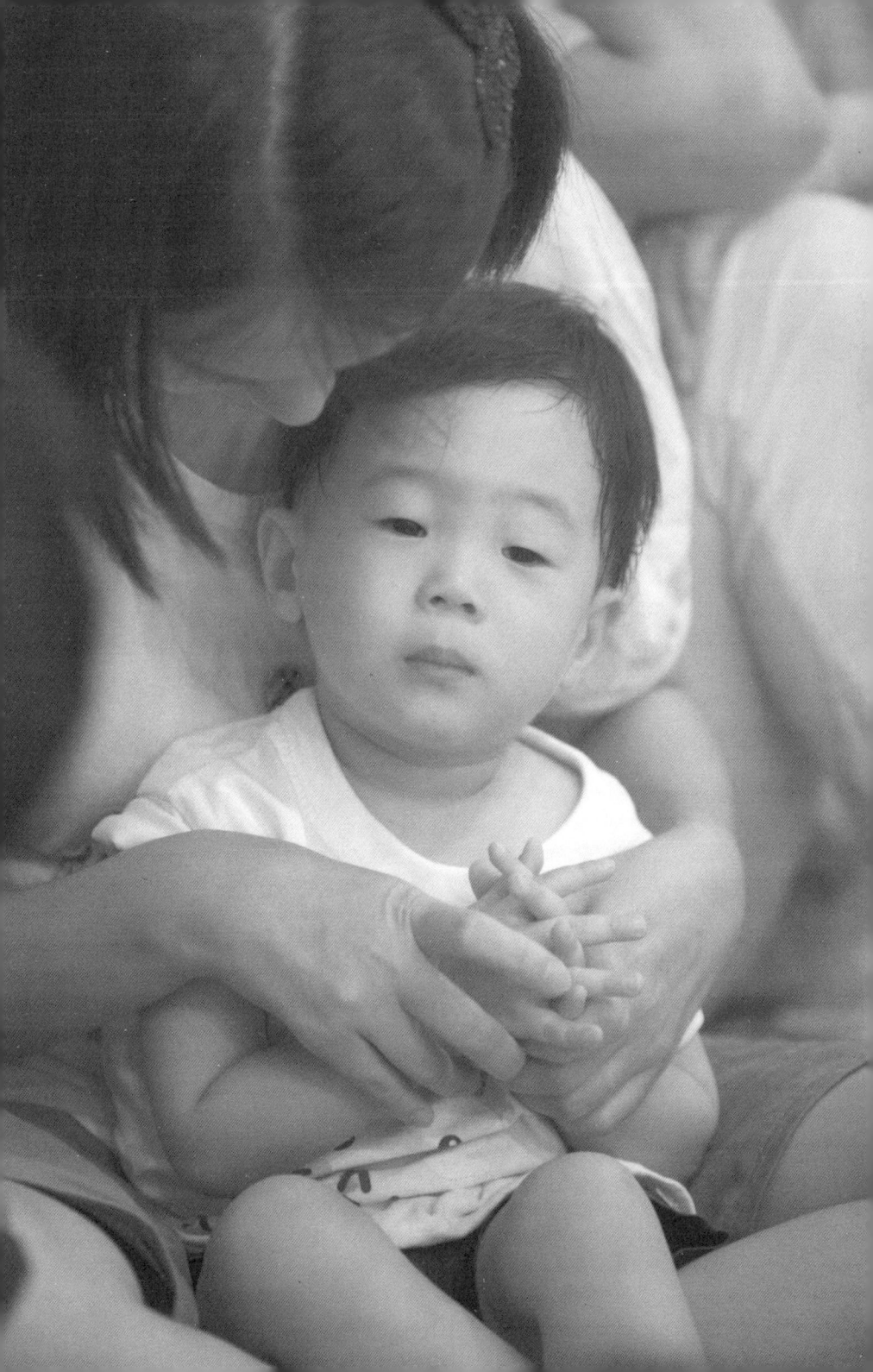

2장

영혼의 목마름

아브라함이 아침에 일찍이 일어나 떡과 물 한 가죽부대를 가져다가 하갈의 어깨에 메워 주고 그 아이를 데리고 가게 하니 하갈이 나가서 브엘세바 광야에서 방황하더니 가죽부대의 물이 떨어진지라 그 자식을 관목덤불 아래에 두고 이르되 아이가 죽는 것을 차마 보지 못하겠다 하고 화살 한 바탕 거리 떨어져 마주 앉아 바라보며 소리 내어 우니 창 21:14-16

지난 ○월 ○○일 오후 8시께 대전시 동구 삼성동의 한 건물 옥상에서는 A군 등 십대 6명이 중학교 1학년인 B군 등 3명을 주먹과 각목 등으로 때려 B군을 숨지게 했다. 충남 조치원에서 돈을 뜯으려고 대전까지 온 가해 학생들은 실신한 B군을 옥상에 내버려둔 채 함께 끌고 온 고등학생 2명을 대전천 목척교 밑으로 끌고 가 마구 때리고 휴대전화, 현금, 옷 등을 빼앗았다.

또한 ○월 ○○일 대구에서 벌어진 사건은 믿기 어려울 정도로 충격적이었다. 또래 2명한테 상습적으로 괴롭힘을 당하다 투신자살한 중학생 C군은 물고문까지 당했다는 내용의 유서를 남겼다. C군의 죽음 이후 가해 학생들이 주고받은 문자를 통해 그들이 자신들의 행동을 대수롭지 않게 여기고 있었던 것이 알려져 더욱 큰 충격을 안겨 주고 있다.

우리 아이들이 처한 현실

지난 ○월 ○○일 '조폭 뺨치는 불량 학생들'이라는 제목의 기사가 인터넷 뉴스에 실렸습니다. 사건을 기록한 기자는 대구 중학생 자살 사건이 보여줬듯이 학교 폭력이 도를 넘어서고 있다고 보도했습니다. 한 아이를 죽음으로 몰고 간 이 사건으로 인해 온 나라가 들썩이며 현재 우리 아이들이 처한 끔찍한 현실에 주목하였습니다.

집단 구타와 금품 강탈은 놀랄 일도 아니며 갈수록 그 잔인성과 포악함이 보도대로 어른들도 섬뜩하게 만들 정도였습니다. 제목처럼 학교 폭력이 조직폭력배를 모방하는 수준까지 잔악해진 것입니다.

미래에 대한 꿈을 꾸고 친구들과의 우정 속에 학창 시절의 추억을 만들어 가야 할 우리 아이들이 이런 참혹한 현실에 놓여 있습니다. 먼 나라 이야기이거나 다른 시대의 이야기가 아닙니다. 우리가 살고 있는 여기에서, 바로 지금, 일어나고 있는 일들입니다.

기사 속에는 더 많고 다양한 사건들이 기록되어 있었습니다. 어쩌다 한 번 일어난 일이라고, 한 번 놀라고 지나고 나면 잊어도 될 만한 일이라고 치부할 그런 사건들이 아니었습니다.

자신들의 행동이 어떤 의미를 가지는지 인식조차 못하고 있는 아이들, 이런 끔찍한 사건들의 당사자인 아이들의 영혼은 과연 어떤 상태에 놓여 있을까요? 그들과 동일한 시대와 환경 속에서 살아가는 우리 아이들의 영혼 안에는 또한 무슨 일이 일어나고 있을까요?

영혼의 목마름

그런 사건들과는 비교도 되지 않지만 공공장소 화장실이나 담벼락에서 종종 입에 담을 수 없는 불결한 낙서들이 적혀 있는 것을 보게 됩니다. 심지어 교회 시설물에서도 이런 낙서들이 발견되곤 합니다. 낙서의 주범은 대부분 어린아이들입니다.

그런 것을 볼 때마다 저는 생각합니다. '아이들의 영혼이 얼마나 곤고하면 이렇게 욕설과 더러운 말들을 쏟아 내면서까지 스스로 위안을 삼으려고 할까?'

부모들의 깊은 고민 중 한 가지인 자녀들의 게임 중독 역시 그 아이의 영혼이 얼마나 곤고한지를 보여줍니다.

우리는 먼저 우리 영혼의 반응을 돌아봄으로써 아이들의 영혼이 어떤 상태에 있는지 짐작해 볼 수 있습니다. 영혼이 생명의 은혜에 넘칠 때는 허탄한 것에 결코 마음을 빼앗기지 않습니다. 뿐만 아니라 악을 이기고 선을 행하고자 하는 의지가 생생히 살아납니다. 하나님 앞에 아름답고자 하는 갈망이 자신의 지성과 정서와 의지를 휘감아 하나님께서 기뻐하시는 삶을 살아가게 하는 것입니다. 그러나 영혼이 곤고하고 목마르고 배고파지면 어떻습니까?

오래전 저희 교회에 남편은 변호사이고 아내는 의사인 부부가 있었습니다. 남편도 아내도 모두 사회적으로 훌륭한 직업을 가지고 있었고 남부러울 것이 없었습니다. 그런데 남편이 밤늦게까지 사무실에서 일을 하다가 퇴근할 때면 꼭 비디오 가게에 들러 영화 한 편씩을 빌려 퇴근하곤 하였습니다.

그날도 비디오를 빌려서 나오는 길에 그는 판사인 친구와 마주쳤습니다. 그 친구도 비디오를 빌리러 온 것이었습니다. 두 사람은 서로 겸연쩍게 웃으며 이렇게 말했습니다. "야, 우리 왜 이렇게 사냐?" "너무 그러지 마라. 밤에 들어가서 이것 한 편 보고 자는 것이 인생의 낙이다."

세상에서 아무리 높은 지위와 많은 재산을 가지고 있다 해도 그것으로 영혼의 허기를 달랠 수는 없습니다. 우리의 정신과 영혼은 육신을 위해 필요한 것들로는 양식을 삼을 수 없고 오직 거짓이 없는 하나님의 입에서 나오는 진리를 양식으로 삼아 생명을 누리게 되어 있습니다.

그런데 그 진리의 양식으로 채워지지 못한 영혼은 자신의 허기와 목마름을 하나님이 아닌 다른 것으로 채우고자 합니다. 생명의 근원이자 생수의 근원이신 주님이 아니고서는 이 땅에 있는 그 무엇으로도 결코 채워질 수 없는 목마름과 배고픔임에도 불구하고 말입니다. 그래서 굶주린 그 영혼은 허탄한 일에 마음을 빼앗기고 자신에게 이 생명의 물이 없는 것을 비정상적인 방법으로 드러내기 시작합니다.

죄악과 반항으로 드러나는 여러분의 자녀들의 비정상적인 행동 뒤에도 어쩌면 쩍쩍 갈라진 가뭄 때의 밭과 같이 갈한 아이의 영혼이 목놓아 부르짖고 있을지 모릅니다. 부모는 겉으로 드러나는 행동 너머에 아이들의 영혼이 어떤 상태인지 볼 수 있어야 합니다.

어미 하갈

　물은 곧 생명, 이것은 광야에서 통하는 공식입니다. 요즘같이 통신이 발달하고 교통수단이 발달한 때에도 이스라엘에서는 광야로 갔던 여행객들이 물이 없어 객사하는 일들이 종종 있다고 합니다.
　여기 한 여인 역시 광야에서 물이 없어 울부짖고 있습니다. 저 멀리 자신의 하나뿐인 피붙이 아들을 두고 그를 바라보며 방성대곡하고 있습니다.
　이 여인은 바로 사라의 여종 하갈입니다.
　사라에게는 오래도록 아이가 없었습니다. 태가 끊어진 여인에게 하나님께서는 분명 자녀를 주시겠다고 약속하셨습니다. 그러나 아브라함도 사라도 믿음이 적었던 터라 그들은 결국 불신앙으로 하나님의 약속을 의지하는 대신 다른 방법을 모색하기 시작합니다. 그것은 바로 사라의 여종 하갈을 통해 자녀를 얻고자 한 것입니다.
　그렇게 해서 결국 이스마엘이 태어나게 됩니다. 아이의 탄생으로 그들은 잠시 기쁨에 사로잡히지만 그 기쁨은 그리 오래가지 않았습니다.
　아브라함과 사라의 믿음 없음에도 불구하고 하나님께서는 당신의 신실하심을 따라 약속대로 사라에게 잉태하게 하셨고 말씀하신 기한이 차자 아들, 이삭을 주셨습니다. 그런데 이스마엘과 이삭이 함께 자라나면서 많은 문제들이 일어나기 시작했습니다.
　당시 환경 속에서 아이가 젖을 뗄 때까지 죽지 않고 사는 것은 기적과도 같은 일이었기에 부모들은 우리의 백일 잔치와 같은 잔치를 열었습니다. 이삭이 젖을 떼던 날 역시 잔치가 열렸습니다. 그때 하갈의 소생 이스마엘이 이삭을 희롱하는 장면이 사라의 눈에 띄고 맙니다. 어쩌면 사라는 기회를 노리고 있었는지도 모릅니다. 그 모습을 보자마자 사라는 당장 이스마엘을 내쫓으라고 아브라함에게 간청하였습니다.

깊은 근심에 빠진 아브라함에게 하나님께서는 근심하지 말고 사라가 시키는 대로 할 것을 명하십니다.

다음날 아침, 일찍이 일어난 아브라함은 떡과 물 한 가죽부대를 취해 하갈의 어깨에 메워 주고 그녀와 이스마엘을 떠나 보냅니다.

어디로 가는지 어떤 목적지가 있는지 성경에 나오지는 않지만, 그녀가 방황하였다는 성경의 기록으로 보아 정처 없이 떠돌았던 것으로 보입니다.

할 수 있는 것이라곤

끝도 보이지 않는 광야 길, 방황하던 그 길에서 떡과 가죽부대의 물이 모두 떨어지고 말았습니다. 내리쬐는 광야의 타는 듯한 뜨거운 태양 아래 이제 죽는 것은 시간 문제였습니다.

하갈은 자신이 죽는 것은 문제도 아니지만 제 속으로 낳은 어린 것이 목말라 괴로워하며 죽어가는 것은 차마 볼 수가 없었습니다. 그래서 아들을 태양이 조금이나마 가려지는 관목 덤불 아래 두고 화살 한 바탕쯤 떨어졌습니다.

한 바탕이란 활을 쏘아 살이 미치는 정도의 거리를 말합니다. 당시의 화살이 이후의 시대보다 발달하지 않았다고 하더라도 최소한 200미터 이상 떨어진 거리였을 것입니다.

"아이가 죽는 것을 차마 보지 못하겠다." 이것이 하갈이 아이를 멀리 두고 온 이유였습니다. 도움의 손길을 요청할 곳이라고는 그 어디에도 없었습니다. 아이와 생사를 함께하고 있었지만 마음이 아파 차마 아이가 죽어가는 것을 볼 수 없었습니다. 그녀가 할 수 있는 것이라곤 멀찍이서 아이를 마주 향해 앉아 소리 내어 우는 것뿐이었습니다.

신약 시대의 하갈

그녀의 울부짖음의 이유는 다름 아닌 육체의 목마름으로 인해 자신의 어린 자식에게 곧 닥칠 죽음 때문이었습니다. 물과 먹을 것이 있었다면 그녀가 그토록 목놓아 통곡하지는 않았을 것입니다.

그러나 육체의 목마름만이 목마름이 아니고 육체의 배고픔만이 허기가 아님을 우리는 이미 보았습니다.

그래서 예수님께서는 사마리아 우물가에 물을 길러 나온 여인에게 목마르지 않는 생수를 말씀하셨습니다. "이 물을 마시는 자마다 다시 목마르려니와 내가 주는 물을 마시는 자는 영원히 목마르지 아니하리니 내가 주는 물은 그 속에서 영생하도록 솟아나는 샘물이 되리라"(요 4:13-14).

또한 예수님께서는 자신을 가리켜 하늘로부터 온 떡이라고 말씀하시기도 했습니다(요 6:35). 그분께 가는 자는 결코 주리지 않겠다고 말씀하신 것입니다. 우리는 이를 통해 주님과 우리의 생명적인 관계를 보게 됩니다.

하갈에게 뜨거운 신앙이 있었다고는 볼 수 없지만 아브라함에게 계시해 주신 하나님에 대한 지식이 가족 공동체의 일원으로서 하갈에게도 어느 정도 분여되어 있었다고는 볼 수 있습니다. 그녀는 하나님에 대해 자신이 알고 있는 지식의 한도 내에서 그분을 향해 울부짖었을 것입니다. 하갈에게 탁월한 신앙은 없었지만 그녀가 진실한 어미였던 것만은 틀림없습니다.

그런데 만약 하갈이 좀더 참되고 깊은 믿음을 가진 사람이었다면 그녀는 아마 아이의 육체의 목마름뿐 아니라 영혼의 목마름을 위해 더 많이 울었을 것입니다.

만약 여러분이 먹을 것, 마실 것, 입을 것을 충분히 공급해 준다는 이유로 아이의 영적인 목마름과는 상관없이 부모의 역할을 다하고 있다고 생각한다면, 여러분은 신약 시대의 또 다른 하갈과 같은 사람입니다.

지금 이 책을 읽고 있는 독자 여러분이 그리스도의 십자가의 은혜를 깨달아 값없이 주시는 하나님의 그 고귀한 사랑에 눈을 뜬 사람들이라면, 여러분은 그녀보다 더 큰 책임을 가진 사람들입니다.

하나님께서는 하갈이 누렸던 복음의 빛과는 비교할 수 없는 찬란한 복음의 빛을 여러분에게 주셨고, 여러분은 그 복음의 빛 아래서 구약에 나타났던 많은 사건과 예표들의 의미를 알게 되었습니다. 그 빛, 바로 예수 그리스도에 대해서 말입니다.

근본적인 문제

초보 엄마가 아니라면 엄마들은 남들 귀에는 똑같은 것 같은 아이의 울음소리를 듣고도 아이가 지금 배가 고픈지, 잠이 오는지, 기저귀를 갈아 주어야 하는지를 구별해 냅니다. 동일하게 우리는 자녀의 영적인 울음소리를 듣고 아이의 근본적인 문제가 무엇인지 파악할 수 있는 부모가 되어야 합니다.

그런데 그 울음소리는 우리 육신의 귀로는 결코 들을 수 없습니다.

예수 그리스도를 통해 드러난 성경 말씀의 뚜렷한 계시를 통해 하나님을 떠난 인간의 비참한 처지와 그 결말이 어떠한지를 바로 알고 깊은 기도 속에서 마음의 눈으로 아이들의 영혼의 상태를 바로 볼 수 있을 때, 우리는 마음의 귀로 아이의 영적인 목마름의 울음소리를 들을 수 있습니다.

하나님을 떠나 방황하던 이스라엘 백성들과 같이 여러분의 자녀가 하나님 아버지의 품을 떠나 자신의 목마름을 채워 줄 수 없는 세상에서 헐떡이며 그 영혼이 파리해져 가고 있는 현실을 목도할 수 있다면, 여러분은 그 아이를 마주하며 방성대곡하지 않을 수 없을 것입니다.

주님께서 가르쳐 주신 것처럼 우리 인생의 근본적인 문제는 영혼의 목

마음에 있습니다.

우리가 복음을 믿고 주님 앞에 나아가면 주님께서는 우리의 배에서 생수의 강이 넘쳐 나게 하실 것이라고 약속하셨습니다. "나를 믿는 자는 성경에 이름과 같이 그 배에서 생수의 강이 흘러나오리라 하시니 이는 그를 믿는 자들이 받을 성령을 가리켜 말씀하신 것이라"(요 7:38-39).

이것이 바로 복음이며 하나님의 말씀입니다.

하늘에서부터

모든 것이 끝난 것만 같았던 바로 그때, 기적과도 같은 일이 일어납니다. 하나님의 사자가 하늘에서부터 하갈을 부르십니다. 성경은 "하나님이 그 어린아이의 소리를 들으셨으므로 하나님의 사자가 하늘에서부터 하갈을 불러 이르시되 하갈아 무슨 일이냐 두려워하지 말라 하나님이 저기 있는 아이의 소리를 들으셨나니"(창 21:17)라고 기록합니다.

하갈은 자신의 인생에서 두 번째로 하나님께서 보내신 사자와 만나게 됩니다. 그녀가 아브라함의 아이를 임신한 후 사라의 학대에 못 이겨 광야로 도망쳤을 때에도 여호와의 사자가 그녀를 찾아오셨습니다. 그리고 그녀에게도 약속의 말씀을 주셨습니다(창 16:10). 그녀는 그때 그렇게 자신을 긍휼히 여기시는 하나님의 돌보심을 경험하였습니다.

그런데 이 두 번째 만남은 조금 다릅니다. 첫 번째 만남 때에 샘 곁에서 그녀에게 다가오셨던 것과는 달리 이번에는 다급히 '하늘에서부터'

그녀의 이름을 부르십니다.

그러고는 "아이의 소리를 들으셨나니"라고 말씀하십니다. 분명 방성대곡하며 울고 있던 것은 이스마엘이 아니라 그 어미 하갈이었음에도 말입니다.

물론 이스마엘 역시 죽음 앞에서 두려움에 떨며 울거나 혹은 아빠 아브라함에게서 배운 신앙을 따라 기도했을지 모릅니다. 하지만 배고픔과 갈증으로 죽음을 코앞에 둔 상황이었음을 미루어 보건대 아이는 울 기운조차 남지 않은 상황이었을 것이라고 추측할 수 있습니다. 그리고 분명 이스마엘의 소리보다는 하갈의 통곡 소리가 훨씬 크게 울려 퍼지고 있었을 것입니다.

오히려 성경의 기록은 조금 의도적으로 보입니다.

울고 있는 하갈을 다독이신 하나님은 큰 민족을 이루게 하시겠다는 언약을 상기시켜 주십니다. 그리고 그 언약을 따라 하갈의 눈을 밝히셔서 아이를 살릴 수 있는 샘물을 보게 하십니다. "일어나 아이를 일으켜 네 손으로 붙들라 그가 큰 민족을 이루게 하리라 하시니라 하나님이 하갈의 눈을 밝히셨으므로 샘물을 보고 가서 가죽부대에 물을 채워다가 그 아이에게 마시게 하였더라"(창 21:18-19).

다 죽어가는 아이를 두고 멀리까지 다녀올 수 없는 상황이었기에 분명 샘물은 하갈이 울고 있던 그 자리에서 그리 멀지 않은 곳에 있었을 것입니다. 그럼에도 불구하고 하갈은 그 절박한 상황에서 샘물을 발견하지 못하고 있었습니다. 물론 광야의 우물들은 물의 증발을 막기 위해 덮개로 덮여 있었지만 여행자들을 위해 표지판을 세워 두곤 하였습니다.

성경이 분명하게 밝히고 있지는 않지만 하나님께서 그녀의 눈을 밝히셔서 샘물을 보게 하셨다는 것으로 보아 우리는 반대로 하나님께서 일부러 하갈의 눈을 어둡게 해 두셨을 수도 있다는 생각을 하게 됩니다. 아니 좀더 정확히 말해서 어두워진 하갈의 눈을 어두운 채로 그냥 두시고 기다리신 것입니다.

그렇다면 하나님께서 왜 그렇게 하셨을까요? 무엇을 위해서 그렇게 하셨을까요?

하나님께서 하갈의 눈을 어두운 채로 그냥 두셨던 것은 바로 하갈이 울부짖을 때까지였습니다. 그녀는 하나님 앞에서 울기 전까지는 결코 바로 볼 수 없었습니다.

하나님께서는 마치 하갈의 마음이 녹는 그 울음을 기다리고 계셨던 것처럼 그녀가 모든 것이 끝난 것만 같은 상황 속에서 하나님을 향해 울부짖는 그 순간, 그녀를 만나 주십니다. 그리고 하갈의 통곡을 들으시고 그녀의 눈을 열어 아이를 살려 주십니다.

비록 아브라함과 사라의 불순종을 통해 태어난 이스마엘과 자신의 신분을 망각하고 주인 앞에 교만했던 어미 하갈이지만 하나님께서는 하갈과 이스마엘이 그 광야에서 죽도록 내버려두지 않으셨습니다. 광야에서 방황하며 물과 먹을 것이 모두 떨어져 울부짖는 순간까지 모든 것을 지켜보시고 하갈이 가난한 마음으로 하나님께 울부짖기를 기다리고 계셨던 것입니다.

더욱 감격적인 것은 그렇게 아이를 살리신 후에 하나님께서 그 아이와 함께해 주시며 위험천만한 광야에서 아이를 보호하시고 자라게 하신 것입니다(창 21:20).

기다리시는 하나님

하갈은 우리보다 충만한 계시를 누리지 못한 사람이었습니다. 애굽의 여자였고, 완고한 여자였습니다. 창세기 21장 21절에서 그녀가 이스마엘을 위해 애굽의 여자를 얻어 주는 것을 통해서도 그녀 안에 하나님을 만난 신앙은 있었지만 그녀의 신앙이 지식을 따른 견고한 상태는 아니었음을 짐작할 수 있습니다.

그럼에도 그녀는 자식만은 사랑하는 어미였습니다. 그녀는 죽어가는 자신의 아이를 위해 눈물로 울부짖었습니다. 아마도 그 울음 속에서 그녀의 마음은 하나님을 향해 철저히 가난한 마음으로 녹아졌을 것입니다. 그 눈물 속에서 그녀는 자신과 아이의 생명을 살리시는 주님을 만나게 됩니다.

여러분의 자녀는 몸은 멀쩡히 살아가지만 굶주린 채, 목마른 채, 마음으로 소리치고 있지는 않습니까? 아이들의 언행 속에서 여러분은 아이들의 영혼의 필요를 보고 있습니까?

여러분의 자녀들을 보면서 하나님 앞에 자녀를 위해 대신 간절히 울부짖는 부모들이 되십시오. 하나님께서는 오늘도 주님의 그 큰 사랑으로 우리 자녀들의 목마름을, 또 우리의 목마름을 채워 주고 싶어하십니다.

조용히 사랑의 마음으로 자녀들의 가슴에 귀를 기울여 보십시오. 갈한 아이들의 영혼의 외침이 들리지 않으십니까?

여러분이 그 울음소리를 듣고 아이를 위해 눈물로 하나님을 향할 때까지, 하나님 앞에 울부짖으며 마음이 철저히 녹아내릴 때까지 하나님께서는 아이들을 그 상태로 어둠 가운데 그대로 두실지 모릅니다. 여러분이 주님께로 향하지 않는다면 아이가 갈증에 시달리는 시간은 점점 더 길어질 것입니다.

자녀의 영혼이 주님께서 주시는 생명수로 극심한 목마름에서 어서 빨리 벗어나도록 속히 주님 앞으로 향하십시오. 주님 앞에서 아이의 영혼을 마주하며 통곡하는 어미들을 주님께서는 지금도 기다리십니다.

3장

눈물의 자식은 망하지 않는다

예수께서 돌이켜 그들을 향하여 이르시되 예루살렘의 딸들아 나를 위하여 울지 말고 너희와 너희 자녀를 위하여 울라 눅 23:28

죄인들을 처형하는 날, 골고다 언덕으로 가는 길은 죄인의 비참한 모습을 구경하기 위해 나온 인파로 북적였습니다. 그리고 거기에는 죄인이 아니나 죄인과 같이 거대한 십자가를 힘겹게 지고 가는 예수님께서 계셨습니다.

　예수님의 온 몸은 피로 물들어 있었습니다. 골고다 언덕을 오르기 전 브라이도리온이라는 왕궁 수비대에 끌려가 심한 채찍과 고문으로 그분의 몸은 성한 곳이 없이 피범벅이 되었고, 사람들의 조롱 속에 씌워진 가시 면류관의 가시가 이마와 머리를 짓눌러 얼굴 또한 피로 뒤덮였습니다.

　성경은 이때 백성과 및 그를 위하여 가슴을 치며 슬피 우는 여자의 큰 무리가 따르고 있었다고 기록하고 있습니다(눅 23:27). 골고다로 향하는 예수님을 웅성거리며 구경하고 있는 백성들과 달리 심한 통곡과 눈물로 가슴을 치며 따르는 여자의 무리가 있었던 것입니다.

그리스도를 사랑함으로

이들이 예수 그리스도를 눈물로 따라왔던 이유는 바로 그분을 향한 사랑 때문이었습니다. 구경하며 따르던 백성들의 마음속에는 없었던 예수님을 향한 사랑이 그들에게 있었기 때문에 그들은 예수님을 지지하고 따르는 이들이 받게 될 핍박이나 고난을 개의치 않고 예수님을 따랐습니다.

이 사랑은 예수님께서 이 땅에 계실 때 죄인들을 용서하시고 돌아보셨던 자비하심에서 비롯된 것이었습니다. 이들이 예수님을 먼저 사랑한 것이 아니요, 예수님께서 죄인인 그들을 먼저 사랑하셨기에 그들의 마음 안에 일어난 사랑이었습니다.

사도 요한이 말한 바와 같이 "사랑은 여기 있으니 우리가 하나님을 사랑한 것이 아니요 하나님이 우리를 사랑하사 우리 죄를 속하기 위하여 화목제물로 그 아들을 보내셨음이라"(요일 4:10)와 같은 바로 그런 사랑이었습니다.

예수님께서 잡히시던 날 밤, 제자들조차도 두려워 예수님을 홀로 두고 모두 도망쳤습니다. 그러나 이 여인들에게는 예수님의 뒤를 따라가다가 당할지도 모르는 고난이나 핍박보다는 자신들을 위해서 그렇게 사랑을 베푸시고 희생하셨고, 아무것도 악한 것을 행하신 적이 없었던 그 예수님께서 십자가를 지고 고난을 당하시는 모습이 더 큰 관심이자 고통이요 아픔이었습니다. 핍박과 위험에도 불구하고 영광을 받으시는 주님이 아니라 모욕을 받으시는 주님의 뒤를 따라가는 이 여인들의 신앙은 얼마나 아름다운 것이었습니까?

침묵을 넘어

그런 여인들을 바라보시며 예수님께서는 반응을 보이셨습니다. 죽음의 그림자가 드리워진 잡히시기 전날 밤, 예수님께서는 사랑하는 제자들과 한자리에 모여 유월절 만찬으로 떡을 떼시고 꽤나 긴 말씀으로 그들을 가르치셨습니다.

그리고 겟세마네 동산에 올라 땀이 피가 되기까지 자기를 쏟아 부으며 철저한 기도로 아버지께 헌신하셨습니다. 삶과 죽음을 넘나드는 그 처절한 기도 속에서 진액을 쏟으신 후 당신이 사랑하던 제자 중 한 사람의 입맞춤으로 팔리셔서 지금 그 골고다로 향하는 길목에 서기까지 온갖 조롱과 모욕과 심문, 그리고 큰 고초를 받으셨습니다.

아무것도 잡수시지 못하고 쉬지도 못하신 가운데, 더욱이 십자가를 지기 전 당한 그 몹쓸 고초와 채찍으로 피투성이가 되신 가운데 가시 면류관을 쓰고 쓰러질 듯 십자가를 지고 나타나셨을 그때는 이미 예수님의 힘이 진할 대로 진하신 때였습니다. 120-140kg이나 되는 나무 십자가를 더 이상 지고 가실 수 없는 상태에 이르자 병정들은 시몬이라는 구레네 사람을 끌어다가 그 십자가를 지게 하였습니다.

그렇게 자신의 몸조차 제대로 가눌 수 없었던 그때 몸을 돌이켜 자신을 좇아오는 여인들에게 말씀하신 것입니다.

십자가를 지실 때부터 마지막 못 박히실 때까지 예수님께서는 이 순간을 제외하고는 침묵으로 일관하셨습니다. 이는 이사야 선지자가 예언한 바 "그가 곤욕을 당하여 괴로울 때에도 그의 입을 열지 아니하였음이여 마치 도수장으로 끌려가는 어린 양과 털 깎는 자 앞에서 잠잠한 양같이 그의 입을 열지 아니하였도다"(사 53:7) 하신 말씀을 응하게 하신 것이었습니다.

그런 주님께서 여인들에게 남기신 말씀은 아래와 같습니다. "예수께서 돌이켜 그들을 향하여 이르시되 예루살렘의 딸들아 나를 위하여 울지 말고 너희와 너희 자녀를 위하여 울라"(눅 23:28).

예루살렘의 딸들아

주님께서는 이 여인들을 "예루살렘의 딸들아!"라고 부르셨습니다. 예루살렘은 하나님께서 택하신 이스라엘의 중심부, 언약의 도성이었습니다. 예수님께서는 이 여인들이 언약이 깃든 예루살렘의 딸들임을 일깨워 주셨습니다.

바벨론의 이상은 더 큰 권력과 더 많은 백성들을 통하여 세력을 펼치는 것이었지만 예루살렘의 이상은 거룩함이었습니다. 그래서 예수님께서는 이 예루살렘의 딸들이 정말 당신을 향한 사랑으로 그들과 그들의 가정이, 그리고 예루살렘이 거룩하게 되기를 원하셨습니다.

그 거룩함으로 모든 세상 사람들의 눈길을 끌되, 단지 그들의 부러움의 대상이 되는 것이 아니라 자신들을 일으켜 세우시고 거룩하게 하신 하나님을 알게 함으로써 그들도 하나님께 돌아오게 하는 것이 목적이었던 것입니다.

그래서 예수님께서는 당신을 사랑하는 것이 인간에게 있어 가장 아름다운 일이지만 그 사랑이 흘러가지 않는 자기 단절적인 사랑으로 부패하기를 원치 않으셨습니다. 오히려 당신을 향한 그 지고지순한 사랑이 또 다른 삶의 지평으로 이어져 언약 백성답게 살아가는 가정, 그런 예루살렘을 세우는 데 이바지하기를 원하셨습니다.

예수님께서는 이중적인 전망 속에서 이 말씀을 주셨습니다. 가깝게는 40년 후에 다가오게 될 예루살렘의 역사적인 대 멸망과 관련된 말씀이었고, 또 다른 궁극적인 지평으로는 예수님께서 재림하실 때 당하게 될 이 세상의 예외 없는 큰 심판을 염두에 두신 말씀이었습니다.

예수님께서는 이미 종려주일에 예루살렘에 입성하시면서 아무도 슬퍼하지 않는 그때에 성을 보시며 우셨습니다(눅 19:41). 이는 가까이 다가오고 있는 대 멸망이 주님의 눈에 보였기 때문입니다. 그분은 "너도 오늘 평화에 관한 일을 알았더라면 좋을 뻔하였거니와 지금 네 눈에 숨겨졌도다"(눅 19:42)라고 독백처럼 말씀하셨습니다. 이미 돌이킬 수 없이 확정

된 예루살렘의 대 멸망을 예고하신 것입니다.

이때로부터 정확히 40년 후, 주후 70년에 이 예언은 현실로 나타났습니다. 당시에도 예루살렘은 로마제국 아래 있었지만 빈번하게 일어나는 독립운동을 잠식시키고자 로마가 쳐들어온 것입니다.

로마의 디도(Titus) 장군이 이끄는 수많은 로마의 군인들이 끊임없이 자신들의 통치에 대항하는 예루살렘을 포위하고 공격하였습니다. 성을 무너뜨리고 공격하는 로마 군인들에 의해 수많은 예루살렘의 백성들이 처참하게 살육을 당하였고 아비규환을 이루었습니다.

그래서 앞으로 일어날 모든 일들을 아시는 주님께서는 당신을 사랑함으로 우는 이 여인들에게 그렇게 당부하신 것입니다. "너희와 너희 자녀를 위해 울라"고 말입니다. 그들은 먼저 자신을 위해 울어야 했습니다.

너희 자신을 위해 울라

예수님께서 가르쳐 주신 팔복의 두 번째 말씀을 기억하십니까? "애통하는 자는 복이 있나니 그들이 위로를 받을 것임이요"(마 5:4).

하나님께 위로를 받는 복된 천국의 백성들은 두 가지로 인해 애통해야 합니다. 첫째는 자신의 죄로 인해서 애통해야 하고, 둘째는 아직 임하지 않은 하나님 나라의 도래를 위하여 통곡하고 탄식해야 합니다. 이 여인들은 바로 그렇게 자신의 영혼의 죄로 인해서 울고 또 아직까지도 임하지 않은 하나님의 나라 때문에, 또 닥치게 될 예루살렘의 멸망 속에서 하나님의 뜻이 이루어지기를 바라며 울며 기도해야 하는 사람들이었습니다.

오늘날 우리는 다양한 각도에서 자녀교육을 말합니다. 여러 분야의 전문가들이 자녀교육에 관한 이론을 내놓고 새로운 책들도 계속해서 쏟아져 나오고 있습니다.

그러나 생각해 보십시오. 예전 우리 믿음의 부모들은 지금처럼 이렇게 참고할 책도, 교육을 위한 세련된 이론들도 없던 시대에 때리는 회초리와 흐르는 눈물을 닦던 행주치마 하나로 자녀들을 사람답게 교육했습니다. 그들이 먼저 하나님의 사랑의 회초리를 깊이 경험했기 때문입니다.

우리가 자녀들의 교육을 이야기하지만 하나님 앞에서 먼저 교육받지 않고, 하나님께 가르침을 받지 않은 부모가 자기 자식을 하나님의 사람으로 아름답게 교육시킨다는 것은 거짓말입니다.

그래서 자녀를 위한 가장 훌륭한 교육은 부모가 먼저 자신들의 영혼의 부모이신 하나님 앞에서 착한 자녀가 되는 것입니다. 주님을 사랑하지만 여전히 주님의 자녀답지 않은 자기 자신의 모습 때문에 울고 가슴 아파하는 그 은혜의 세계 자체가 자식을 위한 가장 훌륭한 교육인 것입니다.

그런데 오늘날 우리는 예전에 비해 자녀교육에 유난히도 많은 돈을 쓰고 있지만 가장 중요한 교육의 원천인 바로 이 은혜의 세계를 잃어버린 냉담함이 그 모든 교육의 재료들과 계획들을 쓸모없는 것으로 만들고 있습니다.

여러분이 주님을 가장 사랑하던 때는 주님을 위해 가장 많이 울던 때일 것입니다. 나 같은 죄인을 위해 지신 그 십자가 때문에 통곡하고, 자신의 부족을 깨달으며 울던 때일 것입니다.

주님을 위한 눈물이 많은 그때에 사실은 우리 자신을 위해서도 제대로 울 수 있었고, 우리가 그렇게 눈물이 있는 은혜의 세계, 통곡이 있는 탄식의 세계를 가지고 있을 때 우리는 가장 착한 주님의 자녀가 될 수 있었습니다.

오늘날 우리 가정의 어려운 문제 중 하나는 자녀들이 부모가 효도하는 것을 보지 못했음에도 효도하라는 강요를 받는 것입니다. 부모들은 그들의 아버지 어머니를 자신들이 어떻게 사랑하고 용서하고 함께 끌어안으며 어떻게 한 가족으로 살아가는지를 보여주지 않고 자신의 자녀들에게는 부모공경과 효도를 가르치고자 합니다. 이것은 교육이 될 수 없습니다.

그래서 어떤 사람들은 강요에 가까운 교육조차 포기한 채 자식에게 효도받을 것을 미리부터 단념하고 살아갑니다. 그리고 그것이 마치 신세대 부모의 자신만만한 인생의 태도인 양 생각합니다.

여러분 속지 마십시오. 부모가 마음과 정신을 자식에게 의지하고 그 안에서 자아를 찾으려는 것은 비성경적인 것입니다. 그러나 자식이 부모를 사랑하고 공경하며 부모는 그것을 누리고 받으며 사는 것이 성경적인 가정의 모습입니다. 그리고 그렇게 부모를 사랑하는 과정에서 자녀들은 온전한 사람이 되어갑니다.

그러므로 부모가 먼저 그들의 부모를 향한 공경의 모습을 보여줄 뿐 아니라 자녀들을 위해서라도 부모는 자식들의 효도를 받으며 살아야 합니다.

30년을 키워서 시집 장가를 보낸다고 해도 우리와 자녀들의 관계가 끊어지고 부모로서의 의무가 모두 끝난 것은 아닙니다. 일평생 부모는 그 자식을 가슴에 지고 그렇게 살아가야 합니다. 그래서 부족한 육신의 부모를 공경하고 사랑하는 과정을 통해서 자녀들도 끊임없이 성화되면서 주님의 사람이 되어가게 하여야 하는 것입니다.

무엇보다 중요한 것은 부모인 우리를 통해 눈에 보이지 않는 부모이신 하나님을 공경하는 것을 배우게 하는 것입니다. 이것은 강요나 위협에 의해서 될 수 있는 것이 아닙니다.

부모가 온 마음을 다해서 주님을 사랑하고 주님을 깊이 공경하는 본을 통해 하나님을 사랑하며 사는 하나님의 자녀의 행복이 어떤 것인지를 자식들에게 알게 해야 합니다. 그럼으로써 십자가의 길이라도 주님을 사랑함으로 주저함 없이 걸어가게 만드는 것이 부모의 가장 중요한 사명인 것입니다.

그러므로 부모인 여러분은 자녀를 위해 울기 전에 그러한 본을 보여주지 못한 채 오늘도 허무한 일에 복종하며 하루하루 근근이 살아가고 있는 자신의 영혼을 위해서 먼저 울어야 합니다. 허무한 일에는 목숨을 걸고 현실도 아닌 드라마를 보며 눈물을 뚝뚝 흘리지만, 오늘도 주님의 마음에 슬픔을 드린 자신의 죄로 인해서는 또 죽은 자와 다름없는 자녀의 영혼을 위해서는 눈물 흘릴 수 없는 여러분의 영혼을 위해서 먼저 울어야 합니다.

여러분의 영혼이 주님을 향한 사랑으로 흘러넘쳐서 주님께서 바라시는 대로 그 사랑의 지평을 자녀에게로 펼칠 수 있도록 말입니다.

그 사랑을 자녀에게로

예루살렘이 로마에 의해 파괴되고 말았을 때 삽시간에 예루살렘은 피바다로 변해 버렸습니다. 무참한 죽음, 어마어마한 살육 사건을 당하게 될 이들은 다름 아닌 지금 예수님의 뒤를 따르며 자기 자신을 위해 먼저 울어야 했던 여인들의 자녀 세대였습니다.

당시에는 지금보다 수명이 짧았으므로 어쩌면 이 여인들은 그 광경을 보지 못했을 수도 있습니다. 그러나 그들의 자녀들은 당시 10살이면 40년 후 50세가 될 것이었고 5살이면 45세가 될 것이었습니다. 여인들을 바라보며 예수님의 눈에는 그들이 수모를 겪는 광경이 생생하게 비쳐졌습니다. 그래서 주님께서는 너희 자녀를 위해 울어야 한다고 말씀하셨습니다.

우리는 어떻습니까? 육적인 예루살렘의 딸들, 그들에게는 예루살렘의 대 멸망이 기다리고 있었지만 영적인 예루살렘의 딸과 아들인 우리에게는 육체적인 그 멸망 너머 더 큰 심판이 기다리고 있습니다. 예수 님께서 다시 오실 때 우리와 우리의 자녀들에게 임할 그 심판은 이미 성경에 명확하게 예고되었습니다.

눈물의 자식은 망하지 않는다

아우구스티누스(Aurelius Augustinus)의 『고백록』을 읽으며 흐르는 눈물을 닦아야 했던 대목이 있습니다. 바로 그의 어머니 모니카(Monica)가 방탕한 자기 아들을 위해서 목놓아 울며 매달리는 장면입니다.

아우구스티누스는 천재였습니다. 그는 자신의 『고백록』에서 다음과 같이 말했습니다.

> "나는 해설자의 도움 없이 아리스토텔레스(Aristoteles)의 『열 가지 범주』를 읽고 이해했습니다.
> 나는 가장 박식한 선생들이 땅에 여러 가지 도표를 그리며 설명을 해준 후에야 어렵사리 그 책의 내용을 이해했다고 말하는 자들과 그 책에 대해 토론을 벌였습니다. 그러나 그들은 내가 그 책을 그 어떤 해설자의 도움 없이 혼자 읽고서 알아낸 것 이상을 내게 말해 주지 못했습니다.
> ……나는 수사학, 논리학, 기하학, 음악, 대수 등을 선생들의 가르침을 받지 않고 별 어려움 없이 혼자서 깨우쳤습니다."[2]

---

[2] 성 어거스틴, 『현대인을 위한 어거스틴의 고백록』 김광남 역 (고양: 엔크리스토, 2009), 125-128.

어떻게 보면 서양의 모든 철학과 사상의 역사가 아우구스티누스의 품을 떠나지 못했다고 해도 과언이 아닙니다. 그렇게 그는 어마어마한 천재였습니다.

그러나 법률을 공부하고 논리학 선생이 되었지만 그는 모든 것을 내려놓고 마니교에 빠졌습니다. 그뿐 아니라 18살에 사생아를 낳고 또 다른 여자에게 색정을 느낍니다. 그런데 그 여자가 법정 결혼 연령에서 2년이 미달하자 그 시간을 참지 못하고 또다시 다른 여자와 동거를 시작합니다. 거기서 더 나가 동성애에 빠지기도 했습니다. 그렇게 그는 31세가 될 때까지 극도의 방탕한 삶을 살았습니다.

그 광경을 쭉 지켜본 모니카의 마음은 어떠했을까요? 그런 아들을 둔 모니카가 살아 있는 이유는 단 하나, 자식이 주님께로 돌아오는 것을 위해 기도하는 것이었습니다.

결국 아우구스티누스는 회심하게 됩니다. 물론 한 번에 이루어진 일은 아니었습니다. 돌아왔다가 또 타락하고를 반복했습니다. 그럼에도 모니카는 포기하지 않았고 치열하게 기도한 끝에 결국 아들의 회심을 보게 됩니다.

아우구스티누스는 자신의 회심 사건을 이렇게 기록합니다.

"나는 깊은 성찰을 통해 내 영혼의 심연으로부터 내 모든 비참한 모습을 끌어올려 내 마음의 눈앞에 쌓아 놓았습니다(시 18:15). 그러자 내 안에서 거대한 회한의 폭풍이 일어났고, 이윽고 나는 엄청난 눈물을 쏟아 내기 시작했습니다. ……나는 어느 무화과나무 아래 주저앉았습니다. 그리고 한없이 눈물을 흘렸습니다. 내 눈물은 강물이 되어 흘렀고, 그것은 '하나님께서 기쁘게 받으실 신령한 제사'(벧전 2:5)였습니다. ……나는 내 과거가 아직도 나를 사로잡고 있다고 느꼈기에 애처롭게 부르짖었습니다. '언제까지, 언제까지입니까?' '내일, 내일입니까?' '왜 지금은 안 됩니까? 왜 지금 바로 내 불결한 삶을 끝낼 수는 없는 것입니까?'"[3]

이는 하루아침에 일어난 일이 아니었습니다. 여러 해 동안 고민하면서 성경이 믿어지기 시작했고 그러다 어느 순간에 둑이 무너져 내리듯 회개하게 된 것입니다.

아우구스티누스는 자신의 『고백록』에서 어머니에 대해 이렇게 기록합니다.

"어머니는 경건한 불안과 거룩한 두려움에 휩싸였습니다. ……내가 주님께 얼굴 대신 등을 돌리는 사람들이 걷는 굽은 길을 따라 걷지 않을까 걱정했기 때문입니다. ……그곳에서 빠져나오려는 잦은 노력에도 불구하고, 나는 더욱더 무겁게 그 쓰레기더미 속으로 내던져졌고, 그 안에서 허우적거렸습니다. 그 시기 동안 순결하고 경건하며 소박한 그 과부(모니카)는 이미 소망의 위로를 받았음에도 기도와 탄식을 그치지 않았고, 주님 앞에서 나를 위해 애통하며 간구하는 일을 중단하지 않았습니다."[4]

---

[3] 성 어거스틴, 『현대인을 위한 어거스틴의 고백록』 김광남 역 (고양: 엔크리스토, 2009), 269-272.

16살 때부터 시작된 방황이었습니다. 아우구스티누스의 아버지 역시 나중에 회심하게 되었지만 믿음의 본을 보여줄 수 없는 처지였기에 그녀는 그토록 눈물의 기도를 하였습니다.

그녀는 당시 한 주교를 찾아가 자기 아들을 한번만 만나서 뭐든 좋으니 좋은 이야기를 해 달라고 부탁했습니다. 그런데 그 주교는 매정했습니다. "그를 그냥 내버려두고 그를 위해 기도나 하시오. 그는 독서를 통해 그 모든 것이 얼마나 큰 잘못이고 얼마나 불경한 것인지 깨닫게 될 것이오." 그러면서 자신도 한때 마니교에 심취했으나 스스로 그것에서 떠나게 되었다는 이야기를 들려주었습니다.

주교가 그렇게 말했음에도 모니카는 계속해서 간청했고 예배당에 엎드려져서 거의 실성한 사람처럼 통곡했습니다. 그때 그 주교가 떠나면서 남긴 말이 이것입니다. "돌아가시오! 당신이 살아 있는 한, 이런 눈물의 자식이 망하는 일은 없을 것이오!"

아들을 만나 주지 않겠다며 야멸차게 뿌리치는 주교가 던진 한마디 말을 가슴에 품고, 눈물로 키운 내 자식은 결코 망하지 않고 돌아오리라는 믿음을 가지고 그녀는 끈질기게 기도했습니다. 그리고 아우구스티누스의 나이 32살에 드디어 주님을 깊이 만나 회심하게 되었습니다.

천재적인 머리를 가지고 있던 아우구스티누스에게 십자가의 빛이 비취자 그 안에 있던 쓰레기 같은 사랑은 전부 불태워졌고 어마어마한 우

---

4) 성 어거스틴, 『현대인을 위한 어거스틴의 고백록』 김광남 역 (고양: 엔크리스토, 2009), 56, 95.

주적인 지식들이 그를 가득 채웠습니다.

그가 쓴 유명한 작품들 중 불멸의 가치를 지닌 『행복론』, 『질서론』, 『독백론』 등은 모두 초기의 작품입니다. 지금으로 말하자면 새신자반에 있을 때 쓴 것들입니다. 물론 당시는 세례교인이 되려면 거의 3년의 예비 학습 시간을 거쳐야 했습니다.

그는 어머니와 그의 친구들과 함께 시골 별장에 가서 6개월을 묵으며 진리를 나누기 시작했습니다. 그때 모니카의 마음이 얼마나 기뻤을까요? 그리고 그렇게 아들의 회심을 본 그녀는 바로 다음 해에 생을 마감합니다. 그녀의 나이 56세였습니다.

열병으로 자리에 눕기 전 모니카는 아들에게 이렇게 말했습니다.

"내 아들아, 이제 나로서는 이 세상에서 어떤 즐거움도 찾지 못하겠구나. 여기서 무엇을 더 해야 할지, 그리고 왜 내가 여기에 더 있어야 할지 모르겠구나. 이 세상에서 내 소망은 이미 이루어졌단다. 내가 이 세상에 좀더 머물고자 했던 유일한 이유는 죽기 전에 네가 기독교인이 되는 것을 보고 싶었기 때문이다. 그런데 하나님께서 내가 바라던 것보다 더 풍성하게 그 소원을 들어주셨구나. 네가 그분의 종이 되려고 이 세상의 성공을 포기하는 것을 보았으니 이제 내가 여기서 할 일이 뭐가 더 남아 있겠느냐?"[5]

그리고 자리에 누운 지 9일이 지나 그녀의 영혼은 그토록 갈망하던 곳

---

5) 성 어거스틴, 『현대인을 위한 어거스틴의 고백록』, 김광남 역 (고양: 엔크리스토, 2009), 300.

으로 향했습니다. 이것이 그 패역하고 타락한 자식을 하나님께 돌아오게 했던 어미의 삶이었습니다.

흐르는 눈물의 기도 없이는

아우구스티누스가 방탕한 삶을 살아가고 있을 때, 그 앞에 놓인 것은 멸망과 심판뿐이었습니다. 그러나 모니카의 눈물의 기도 속에서 그는 생명의 주님께로 돌아왔습니다. 그녀는 예수님께서 예루살렘의 딸들에게 요청하셨던 그 눈물을 처절하게 흘렸습니다.

지금 우리에게도 바로 그 눈물이 너무나도 필요합니다.

그런데 우리는 가끔 이렇게 생각하는 것 같습니다. '제자들도 모두 예수님을 버리고 도망간 상황에서 이 여인들만큼은 좋으신 주님에 대한 사랑 때문에 눈물을 흘리며 그 언덕을 올랐으니 예수님께서 "애들아! 너희들의 신앙이 참 좋구나! 제자라는 녀석들도 다 나를 버리고 도망을 갔는데, 너희들은 잘못하면 위험에 빠질 수 있음에도 불구하고 나를 따라오다니 나를 사랑하는 너희 마음에는 가식이 없구나! 네 자식들은 걱정마라. 내가 그 애들이라도 책임져 주마."라고 말씀해 주셔야 하지 않을까?' 라고 말입니다.

그러면서 우리 자신을 향해서도 다음과 같이 생각하고 있지는 않습니까? '내가 이렇게 열심히 봉사하고 똑바로 살려고 애쓰고 잘해 보려고 하는데 설마 내 새끼가 어떻게 되겠어? 주님께서 책임져 주시겠지!'

그러나 우리는 이것을 기억해야 합니다. 흐르는 눈물의 기도 없이 "내 자식은 주님께서 책임져 주실 거야!"라고 말하는 것은 "그냥 될 대로 되라!"라는 말과 똑같다는 것을 말입니다.

그것은 믿음이 아닙니다. 운명에 맡기는 것입니다. 마음속에서 회심을 포기한 엄마, 자녀의 회심을 조금도 기대하지 않는 아빠 속에서 나오는 고백입니다.

그리고 운명에 맡기는 것은 곧 사랑 없음입니다. 정말 믿음이 살아 있는 부모라면 그 회심이 오늘 일어나야 하는 것처럼 진통할 것입니다. 그것이 진짜 은혜 안에 있는 부모의 마음입니다.

두렵고 떨림으로

여러분, 역사하시는 분은 하나님이십니다. 아이의 회심이 '올해 일어나지 않으면 다음에⋯⋯.'라고 생각하지 마십시오. 올해가, 지금이, 마지막인 것처럼 그렇게 하나님 앞에 전심으로 매달려야 합니다. 다른 길은 없습니다.

자녀의 회심을 경험한 모든 부모에게 물어보십시오. 거기에는 피나는 싸움이 있었습니다. 눈물이 있었습니다.

죽은 아이의 영혼이 주님께로 돌아오지 않는다면 아이에게 남은 것은 육신의 죽음과 함께 맞이할 영원한 죽음과 멸망, 심판뿐입니다. 그러므로 두렵고 떨림으로 주님 앞에 서서 기도하십시오. 먼저 여러분이 주님의 사랑 때문에 울고 또 그 사랑을 자녀를 향한 사랑으로 확장시켜 자녀를 위해 울기를 바랍니다.

　내 아이가 돌아올 때까지, 내 아이가 멸망의 길에서 돌이켜 생명의 길로 접어들 때까지, 또 그 생명을 날마다 유지하며 살아갈 수 있도록 그렇게 진통해야 합니다. 그때 주님께서는 우리 아이들을 반드시 살려 내실 것입니다. 그 패역한 길에서 돌이키게 하실 것입니다. 눈물의 자식은 결코 망하지 않습니다.

4장

두 가지 성품

 비록 아이라도 자기의 동작으로 자기 품행이 청결한 여부와 정직한 여부를 나타내느니라
잠 20:11

여름철이면 만나는 거미는 꽁무니에서 줄을 뽑아내면서 이리저리 움직이며 자기 집을 훌륭하게 지어냅니다. 뱃속에 이미 그렇게 뽑아져 나오는 실을 생산해 낼 수 있는 성분, 즉 본성을 지니고 있기 때문입니다. 본성은 샘물의 원천과 같아서 거기에서 솟아나는 것이 계속 흘러나와 같은 상태를 유지하게 합니다.

인간 안에도 그와 같은 본성이 있습니다. 홍수가 그치고 노아의 제사를 받으실 때 하나님께서는 노아에게 이렇게 말씀하셨습니다. "내가 다시는 사람으로 말미암아 땅을 저주하지 아니하리니 이는 사람의 마음이 계획하는 바가 어려서부터 악함이라"(창 8:21).

이것이 바로 타락 이후 사람 안에 자리 잡은 본성입니다. 사람은 누구도 악을 행하기 위해 교육을 받을 필요가 없고, 자기를 사랑하는 이기적인 사람이 되기 위해 따로 훈련을 받을 필요가 없습니다. 본성 자체가 악하기 때문에 거기로부터 자연스럽게 악한 것들이 흘러나오는 것입니다.

성경은 인간의 일생에 있어서 우리의 본성이 하나님 앞에 변화되지 않으면 안 되는 이유를 다음과 같이 설명해 줍니다. "비록 아이라도 자기의 동작으로 자기 품행이 청결한 여부와 정직한 여부를 나타내느니라"(잠 20:11). 우리는 여기에서 본성과 행동의 관계에 대한 성경의 놀라운 통찰을 발견하게 됩니다.

필연을 만드는 본성

어떤 의미에서 여러분의 자녀들은 이미 완성된 인간입니다. 인간은 태어나는가, 아니면 만들어지는가를 놓고 많은 학자들이 오랫동안 논쟁해 왔습니다. 지금까지도 종종 화두가 되고 있는 본성과 양육에 관한 논쟁에서 본성 쪽에 힘을 싣는 교육학자들에 의하면 인간은 5-6세가 되기 전에 앞으로 살아갈 삶의 궤도가 80% 이상 완성된다고 합니다.

그렇게 볼 때 그 본성 속에서 끊임없이 시간과 공간을 타고 행동과 삶이 전개되는 것입니다. 그래서 어떤 의미에서 인간이 어떠한 삶을 살아간다는 것은 이미 그럴 수밖에 없는 본성을 그 안에 가지고 있기 때문입니다. 누구든지 마음속에 있는 본성은 그의 삶에서 필연이 되는 것입니다. 그런데 인간의 본성, 다른 말로 성품은 자연적 성품과 도덕적 성품으로 나누어 생각해 볼 수 있습니다.

자연적 성품이란 하나님께서 그 사람 속에 주시는 자연적인 본성을 가리킵니다. 철학자들의 표현에 의하면 본성은 인간 안에 있는 자연입니다. 물이 높은 데서 낮은 데로 흐르고 바람이 기압이 높은 곳에서 낮은 곳으로 이동하는 것, 온도가 내려가면 물이 차가워지고 더 내려가면 얼고, 또한 열을 가하면 끓고 수증기가 되는 것, 이런 모든 인과관계들은 자연 속에 있는 법칙입니다. 자연이라는 것 자체가 당연한 어떤 법칙에 의해 저항받지 않고 계속 흘러가는 것입니다.

인간은 자연을 거스르며 살 수 없습니다. 높은 곳에 있는 물을 낮은 곳으로 떨어지지 않도록 막아 둘 수는 있지만 낮은 곳으로 흐르고자 하는 성향 자체를 바꾸어 놓을 수는 없듯이 말입니다. 자연적인 성품은 이렇게 인간의 본성 자체가 사람 속에 있는 자연과 같아서 그 자체를 변화시킬 수 없는 것을 말합니다.

그렇다고 해서 이 자연적인 성품에 대해서 '선하다.' 혹은 '악하다.'라는 도덕적인 판단을 내리지 못하는 것은 아닙니다. 우리는 이 자연적인 성품에 대해서도 도덕적인 판단을 내릴 수 있습니다.

자연적인 성품도 잘 교육시키면

여러분의 자녀가 아주 게을러서 자기의 할 의무를 잘 이행하지 않는다면 그가 하나님을 믿고 아무리 교회를 열심히 다닌다고 해도 자연적인 성품은 악한 것입니다. 하나님을 믿지 않아도 그런 점에 있어서 자기 의무를 잘 이행한다면 자연적인 성품은 선한 것입니다. 자연적인 성품은 부모로부터 타고나기도 하지만 교육과 환경에 의해서 잘 돌보고 교육시킬 때 더욱 덕스러운 쪽으로 발전할 수 있습니다.

그렇게 될 때 아이는 이 세상에 나아가서 치열한 경쟁 사회에서 넉넉히 이길 수 있는 사람이 될 수도 있고, 많은 사람들을 지도할 수 있는 위치에 있을 수도 있고, 다른 사람보다 더 많은 칭찬과 환영을 받는 사람이 될 수도 있습니다. 그러므로 이 자연적인 성품도 잘 교육시켜서 아름답게 변해 가도록 도와야 합니다.

예를 들어 어려서부터 어른을 만나고 이웃을 만나면 인사할 줄 알도록 교육해야 합니다. 아이를 잘 설득하든지 상을 주든지 아니면 따끔하게 야단을 쳐서라도 교육을 해야 합니다. 그렇지 않으면 아이는 자라서 인사성이 없는 사람이 되고 말 것입니다. 직장에 가서는 감사를 표시할 줄 몰라서 사람들에게 오해를 받거나 진심이 곡해되어 사회생활이 어려워지게 될 수도 있습니다.

이런 사람들에 대해 우리는 '사회성이 없다.' 라고 하는데 사실은 그들의 자연적인 본성이 잘못되었기 때문입니다. 그런 사람들은 돈도 있고 여러 가지 능력이 있어도 사람들에게 좀처럼 환영받지 못합니다. 오히려 돈이 좀 부족해도 자연적인 성품이 선하게 발달한 사람은 사람들에게 환영을 받으며 살아가게 마련입니다.

자연적인 성품을 올바르게 교육시키는 것은 부모와 사회의 책임이고 특별히 학교의 책임입니다. 그래서 선생님들에게는 엄격한 도덕적인 기준과 인생에 대해서 깊이 생각하며 사는 덕 있는 정신이 요구됩니다. 단지 밥벌이를 위해서가 아닌 진짜 인생을 올바르게 살아가는 것이 무엇인지를 고민하는 사람들이 선생님이 되어야 합니다. 그런 선생님과 또 그런 부모 아래에서 아이들의 자연적인 성품은 올곧게 자라납니다.

그런데 이것보다 더 본질적이고 중요한 성품이 있습니다.

도덕적인 성품

바로 도덕적인 성품입니다.

한 사람 안에 있는 자연적인 성품이 교육을 통해 잘 함양되면 그는 부지런함으로 다른 사람보다 돈을 더 많이 벌고 높은 지위에 오를 수도 있다고 하였습니다. 그러나 아무리 올곧은 자연적인 성품이라 하더라도 그가 높은 지위에 오르고 돈을 많이 벌어서 획득하게 된 모든 자원들을 어떻게 사용하는 것이 진정으로 올바른 길인지에 대해서는 결코 가르쳐 주지 않습니다.

도덕적 성품의 핵심은 하나님과 원수 되었던 한 사람이 하나님을 사랑하고 하나님이 자신을 창조하신 목적대로 이 세상의 삶을 영위하기를 바라는 마음의 갈망을 갖게 되는 것입니다.

도덕적 성품이 올바로 자라난 사람은 하나님을 끊임없이 의지하며 그분을 사랑하고자 합니다. 또한 그분이 기뻐하시는 것을 자신도 기뻐하면서 자연적인 성품을 통해서 획득한 이 땅의 많은 자원들을 하나님의 사랑과 생명을 베푸는 도구로 사용합니다.

이렇게 인간이 도덕적 성품을 따라 살아가는 삶이 진정으로 복된 삶입니다. 그런 사람들은 하나님께 영광을 돌릴 뿐 아니라 교회에서도 사회에서도 칭찬을 받고 대접을 받으면 살아갑니다. 그리고 우리의 자녀들이 그런 삶을 살아갈 때 거기에 참된 행복이 있습니다. 이 단순한 사실을 누가 부인할 수 있겠습니까?

강남 엄마들이 모르는 것

몇 해 전 『강남 엄마 따라잡기』라는 드라마가 반영된 적이 있습니다. 저는 강남에 살아본 적은 있지만 '강남 아빠'가 되어 본 적은 없기에 어떤 내용일까 궁금해 몇 번 보았습니다. 처음에는 내용이 신선했습니다. '저렇게 요즘 부모들이 자기 자식들에게 올인을 하는구나!' 솔직히 말해서 지극히 세속적인 부모들인데 그들과 비교해서 저는 참 부끄러웠습니다. '나는 저렇게 자식들을 위해 올인 한 적이 있는가?' 라는 생각이 들었기 때문입니다.

등장인물은 남편이 바람을 피워 남편과 대판거리 싸움을 하고 이혼을 결심합니다. 그런데 문득 아이가 대학 시험을 볼 때까지는 아이를 위해서 그 원수 같은 남편과 참고 살아야겠다는 다짐을 합니다. 심방을 하면서 강남의 이야기를 조금씩 들은 것들이 드라마와 연결되면서 이해가 되었습니다. 강남 엄마들의 서열은 자기 자식의 등수 서열 그대로라고 합니다. 놀라운 사실이었습니다. 그런데 곧 시시하고 허무한 느낌이 든 것은 '그 모든 것이 무엇을 위한 것인가?'라는 질문 앞에서였습니다.

초등학생 아이에게 7개 혹은 11개까지 과외를 시킨다는 이야기를 들었습니다. 아이의 교육비만 한 달에 350-380만 원이 들어간다고 하니 일반 직장인 남성이 혼자 벌어서는 감당하기 어려운 액수입니다. 그런데 소위 강남 엄마들 혹은 그 강남 엄마들을 따라잡고자 하는 엄마들은 그렇게 해서 일류대학 보내기 프로젝트에 돌입합니다.

혹시 여러분도 그런 엄마들을 부러워하고 있습니까? 내 아이가 그런 교육을 받지 못하는 것이 안타까우십니까? 그러나 여러분 그런 것들이 과연 아이가 이 세상을 정말 올바르게 사는 것이 무엇인지에 대해서 가르쳐 주는지 생각해 보십시오. 일주일 동안 만나는 열 명이 넘는 수많은 선생님들 중에 누가 그것을 가르쳐 줄 수 있을까요?

도덕적인 성품이 변하려면

인간은 "응애!" 하고 울음을 터트리며 태어날 때부터 이미 하나님과 원수 된 상태로 태어납니다. 마음속에 하나님을 향한 적대의 감정을 가지고 태어나는 것입니다. 처음에는 어리고 잘 몰라 마치 쥐와 한 방에서 태어난 새끼 고양이처럼 그렇게 자기의 적의를 드러내지 않습니다.

그러나 이 타락한 세상에서 자라나면서 그 적대감은 구체화됩니다. 그래서 세상에서 돈과 명예 등 모든 것을 갖추었다고 할지라도 그가 계속해서 창조주 하나님을 원수로 대적하면서 살고 있다면 그는 결코 참 행복을 소유한 사람이 아닙니다.

더욱이 부모가 예수를 믿는다고 하면서 자녀가 하나님과 원수가 되었음에도 불구하고 자연적인 성품을 잘 계발하여 공부를 잘하고 사람들에게 환영을 받는다고 해서 행복할 수 있다고 믿는다면 그 부모는 아주 세속적인 그리스도인입니다. 아니, 그리스도인이 아닌지도 모릅니다.

자연적인 성품은 마음이 깊이 깨뜨려지는 일 없이도 변할 수 있습니다. 즉, 아이가 천성은 게으른데 부지런한 부모 밑에서 계속 생활하다 보면 자기가 게으른 것에 대해 뼈저리게 눈물 흘리지 않아도 오랜 시간 반복적인 훈련을 통해 부지런한 사람이 될 수 있습니다. 아이가 천성은 거짓말을 잘 하는데 부모가 정직하도록 철저하게 교육을 시키고 학교에서 자기처럼 부정직하게 사는 친구들이 없는 것을 발견하면 뼈저리게 회개하지 않아도 정직한 삶을 살아갈 수 있습니다.

그러나 도덕적인 성품은 다릅니다. 자기도 모르는 사이에 서서히 좋아지는 법이란 없습니다. 오히려 가만 두면 나빠질 뿐입니다. 그래서 도덕적 성품의 변화를 위해 필수적인 것이 바로 회심입니다.

돌이킬 회(回)

회심은 신학적으로 자기의 죄에 대한 깊은 회개와 구원자이신 그리스도 예수께 대한 전적인 믿음으로 이루어집니다. 이 두 가지가 회심입니다. 회심의 '회'는 한자어로 '후회한다'는 의미의 '회'(悔) 자를 쓰지 않습니다. 회심의 회는 '돌이킬' '회'(回)입니다. 마음을 돌이키는 것, 죄에 대한 깊은 회개와 예수 그리스도께 대한 신실한 믿음으로 이전에 자신의 삶을 살아가게 만들었던 그 마음에서 돌이켜 서는 것, 이것이 바로 회심입니다.

그런데 앞에서 살펴본 바대로 회심을 통해 도덕적 성품에 변화가 왔다고 해서 자연적인 성품의 변화처럼 아이가 갑자기 공부를 잘 하게 되거나 예술에 대한 감각이 뛰어나지거나 아주 놀라운 어떤 은사를 받게 되는 것은 아닙니다. 혹시 그러한 변화가 일어났다면 그것은 회심 자체 안에 있는 어떤 특성 때문이 아니라 회심이 아이를 바른 삶의 태도로 인도하고 아이의 마음에 변화를 가져왔기 때문입니다.

20년 전 이야기입니다. 제가 대학에 조교수로 있을 때 조교로 있던 자매가 어느 날 이런 질문을 해왔습니다. "목사님, 제 동생이 연세대 신학과를 가겠다고 하는데 학교에서는 서울대 들어갈 수 있는 점수인데 아깝다고 한대요. 어떻게 하면 좋을까요?"

그래서 저는 물었습니다. "동생이 원래 공부를 잘 했니?" "그렇지 않아요. 중3 때까지 반에서 중간도 못했어요. 그런데 고1 때 수련회에 가서 하나님을 깊이 만난 후에 공부해야 할 목표가 생겼어요. 공부를 열심히 해서 선교사가 되어 사람들을 돕겠다고 하더라고요. 성적이 중간밖에 안 되던 애가 기도하고 공부하니 3학년이 될 때는 목포에서 손에 꼽을 정도로 공부 잘하는 아이가 되었어요. 과외 한번 한 적 없고 집안에서 특별히 지원해 준 것도 없이 혼자 공부했는데 말이죠."

그 아이 안에 일어난 변화를 보십시오. 회심을 통해 아이의 마음이 바뀌자 아이 안에 있던 잠재력이 드디어 빛을 발한 것입니다.

제가 아는 어떤 목사님은 "우리 집안이 얼마나 가난했는지 아십니까? 그래도 우리 집안이 이렇게 밥 먹고 살게 된 것은 제가 예수님 믿고 나서부터입니다."라고 말하곤 했습니다. '예수님 믿으니까 사업에 복을 주셨구나!' 라고 생각하셨다면 오산입니다.

예수님을 믿어도 돈 버는 것이 옛날보다 많지는 않았답니다. 그런데 예수님을 믿기 전에는 음주, 흡연 등에 돈을 쏟아 붓고 그것 때문에 집안에서는 부인과 다툼이 끊임없었다고 합니다. 결국 부인이 화병으로 쓰러져 병원비로 또 목돈이 나갔고 가계는 점점 기울었습니다.

그러다 예수님을 믿고 단정한 삶을 살게 되자 가정은 화목해지고 부인도 건강해졌습니다. 또 술을 즐기며 유흥에 쏟아 붓던 돈으로 아이들 교육을 시키니 아이들도 잘 자라 밥 굶지 않고 살게 되었다고 하였습니다.

이런 놀라운 일들은 하나님과의 관계가 바로 서면서 도덕적 본성이 변화되자 자연적인 본성도 영향을 받은 것입니다. 그런데 어떤 사람들은 하나님을 믿는다고 해서 자연적인 본성이 저절로 변하지 않는다는 것에 대해 너무 깊이 좌절한 나머지 하나님의 능력을 신뢰하지 못하기도 합니다. 그러나 하나님의 은혜의 능력이 강하게 역사하면 아무 희망이 없던 사람도 아주 놀랍게 바뀔 수 있습니다.

독자 여러분 가운데에도 과거 말로 다할 수 없는 주정뱅이였던 사람이 있지 않습니까? 허탄한 데 빠져서 가정을 돌보지 않고 바람을 피워 식구들을 괴롭게 하던 사람도 있지 않습니까?

그랬던 여러분이 단정한 성도들이 되었습니다. 철학을 해서 그렇게 되었습니까? 고시공부 하듯 성경을 파서 그렇게 되었을까요?

아닙니다. 주님을 믿는 어린아이 같은 순수한 신앙과 회개 속에서 새로운 날개를 단 것입니다. 그것이 회심입니다.

두 가지 회심

이 회심은 좁은 의미의 회심과 넓은 의미의 회심으로 나뉩니다. 좁은 의미의 회심은 일생에 한번 하는 것입니다. 곧 세상에 태어나서 자신의 죄에 대해서 분명하게 회개하고 예수 그리스도께 대한 전적인 믿음을 갖는 것입니다.

이 회심 없이는 결코 구원에 이를 수 없습니다. 만약 여러분이 교회에 나와 매주 선포되는 말씀을 듣고 헌금도 꼬박꼬박 하고 있지만 자신이 정말 하나님 앞에 아무런 희망도 없는 죄인이라는 사실 때문에 깊이 눈물을 흘리며 회개해 본 적이 없다면, 여러분은 구원받은 사람이 아닐 가능성이 높습니다. 그렇다면 여러분에게는 무엇보다 먼저 회심이 필요합니다. 회심하지 않은 사람이 자녀의 회심하지 않은 영혼을 보며 가슴 아파한다는 것은 불가능하기 때문입니다.

반면 넓은 의미의 회심은 회심의 반복이라고 할 수 있습니다. 이미 일어난 회심이지만 주님의 은혜에서 멀어지면 우리는 그 회심의 감격을 잊고 살아갑니다. 그래서 자기의 죄를 깨닫고 다시 한번 회개하고 예수님께 대한 믿음을 굳게 할 때 처음 회심의 감격이 살아나는 것입니다.

모든 인간의 두 가지 숙제는 첫째 자신의 죄를 깨닫고 회개하여 예수님께 돌아오는 회심이고, 둘째 그 회심의 은혜를 마음속에서 보존하며 살아가는 것입니다. 그것을 통해서 그 사람은 참되고 행복한 인생을 살게 됩니다. 그 터 위에 좋은 환경에서 지식과 윤리에 대한 바른 교육을 받으며 자연적인 성품도 올바르게 세워져 간다면 하나님의 영광을 나타내기에 아주 좋은 상태가 되는 것입니다.

위기 앞에서

오늘날 믿는 사람들이 세상에서 욕을 먹고 있습니다. 믿음이 있다 하나 개념 없는 행동들로 결국은 교회와 하나님의 영광에 먹칠을 하고 있습니다. 이런 상황을 벗어나 덕스러운 삶으로 하나님과 사람들에게 사랑받는 삶을 살아가기 위해서는 두 가지가 반드시 필요합니다.

바로 하나님을 깊이 사랑하는 도덕적 성품과 함께 인간 사회에서 도리를 따라 살아가는 자연적인 성품도 함께 꽃피워야 하는 것입니다. 오늘날 우리의 자녀교육의 위기는 이 두 가지가 모두 안 되고 있다는 데 있습니다. 도덕적 성품뿐 아니라 아이들의 자연적인 성품도 엉망입니다. 어린아이라도 그 작은 행동을 통해 자신의 내면에 무엇이 있는지를 나타낸다고 하였습니다. 어른이 "그러지 말아라." 하고 타이를 때 아이가 그를 향해 돌을 집어던지고 발길질을 하는 행동을 보인다면 그 아이의 본성 속에 무엇이 있는지를 잘 보여주는 것입니다.

부모는 '아이니까 다 그렇지!'라고 생각하지 말고 아이를 올바른 성품으로 양육하기 위해 애써야 합니다. 그러면 그 아이는 자라면서 변화될 것입니다. 어렸을 때 올바로 잡아 주지 않으면 자연적인 성품도 망가진 채 방치가 되고, 그 망가진 모양대로 굳어져 살아가게 된다는 것을 기억하십시오.

아이가 어떤 태도를 갖든지 공부를 잘하고 경쟁 사회에서 이기기만 하면 된다고 아이를 휘몰아서는 안 됩니다. 그리고 무엇보다 하나님을 사랑하지도 않은 채 그렇게 망가진 모습으로 살아가게 되는 아이의 삶이 행복할 가능성은 거의 없습니다. 분명 그로 인한 고통이 따르게 될 것입니다.

부모로서 할 수 있는 일 1

그렇다면 부모는 이 일을 위해 무엇을 어떻게 해야 할까요? 첫 번째는 자녀의 도덕적 성품이 변화되도록 회심을 위해 기도해야 합니다. 거듭 거듭 강조해도 지나침이 없는 사실입니다.

거듭남의 놀라운 역사는 단추를 누르면 켜지는 전자 제품처럼 단숨에 자동적으로 이뤄지는 일이 아닙니다. "자, 오늘 8시에 모두 거듭나는 시간이다!" 하고 종을 친다고 해서 되는 일이 절대로 아닙니다. 그것은 오로지 하나님 한 분이 하시는 일입니다. 우리가 보태거나 덜 수 있는 일이 아닙니다. 그러나 우리가 부모로서 해야 할 일은 있습니다.

어떤 사람들은 자녀가 회심하지 않았을 때 그것을 교회에 슬쩍 떠맡겨 버립니다. 교회 선생님을 찾아가서 아이가 회심하지 못하였으니 도와달라고 요청하고 담임 목사에게 찾아가 자기 자식을 위해 기도해 달라고 합니다. 어떻게 보면 자녀의 영혼에 대해서 얼마나 관심이 많으면 그렇게 다른 사람에게 부탁할까 싶습니다.

그런데 그렇게만 할 뿐 자신은 조금도 기도하지 않습니다. 그것은 부모의 의무를 태만히 하는 것입니다. 자녀의 회심은 일차적으로 교회에 위탁된 것이 아니라 부모에게 위탁되어 있습니다. 부모가 생사를 걸어야 합니다. 그래서 우리는 아이가 유아 세례를 받을 때 이런 질문을 받았습니다.

"여러분은 지금 이 아이를 하나님께 바치며, 겸손한 마음으로 하나님의 은혜를 의지하며, 이 아이에게 경건한 삶의 모범을 보이기를 힘쓰며, 이 아이를 위하여 기도하며, 이 아이와 함께 기도하고, 거룩한 신앙의 바른 길을 가르치며, 이 아이를 주의 말씀과 교양으로 양육하기를 서약합니까?"

이것은 일생 져야 할 약속입니다. 마치 자신의 영혼의 구원을 위해 힘쓰는 것과 같이 힘써야 할 부분입니다.

회심하지 못한 자녀를 둔 여러분에게 묻고 싶습니다. 남편 사업에 위기가 오면 기도원 한 번 안 올라갔다온 사람이 있습니까? 물질적으로 궁핍하거나 가족이 병들면 간절한 마음으로 2-3일의 금식도 감행하며 기도하지 않습니까? 그런데 회심하지 못한 자녀의 영혼을 위해서 금식해 보셨습니까? 울어 보셨습니까? 날짜를 정하고 하나님 앞에 매달려 보셨습니까?

그 강가에서

제 나이가 50이 훌쩍 넘었습니다. 언젠가 어린 시절을 보냈던 동네에 들르게 되었습니다. 동네에 있는 그 강가에서 어린 시절을 생각하면서 목놓아 울었습니다.

4, 50년 이상 지나 버린 시절을 놓고 왜 그렇게 목놓아 울었을까 곰곰이 생각해 보았습니다. 저는 지금 주님 안에서 고단하나 행복한 목회자의 길을 걷고 있습니다. 그런데도 그 동네에 가니 지나온 세월을 생각하며 가슴에 밀려오는 슬픔을 주체할 수가 없었습니다.

'아, 이 좋은 자연 속에서 뛰놀 때 우리 부모님이 갈등하지 않고 하나님의 사랑이 무엇인지를 말해 주었다면, 결국 내가 일평생 사랑하며 살아야 할 분이 우리 하나님밖에 없다는 것을, 그분을 경외하고 사랑하면서 사는 것이 인생의 참된 행복이라는 것을 나에게 가르쳐 주었다면 그렇게 후회가 되는 방황의 시간을 보내지는 않았을 텐데……. 그리고 그 젊고 수많은 날들을 죄악과 정욕, 무지와 어둠, 갈등과 불안 속에서 흘려

보내며 낭비하지 않고 지금보다 더 훌륭하고 지혜로운 사람이 되어서 올곧은 신앙으로 주님을 붙들고 살 수 있었을 텐데…….'

그런 생각으로 그 강가에 주저앉아서 목놓아 울었습니다.

그러고는 제가 목회하는 교회의 어린아이들의 얼굴이 떠올랐습니다. 아이들의 얼굴과 함께 이런 생각이 스쳤습니다. '그 어린아이들 중에는 후에 나처럼 이런 강가에서 우는 아이들이 없어야 할 텐데…….'

삯꾼 목자와 삯꾼 부모

누군가 목회가 무엇이냐고 제게 묻는다면 저는 회심하지 못한 영혼들 때문에 두 눈에 눈물이 가득한 것이라고 말하고 싶습니다. 이 세상의 다른 직업들은 모두 육체를 위한 것입니다. 육체를 위한 직업은 만 가지가 넘지만 영혼을 위한 직업은 딱 한 가지밖에 없습니다. 바로 목회입니다.

그래서 목회자에게 영혼을 향한 눈물이 없다면 사실은 죽어 있는 것입니다. 목회자에게는 변화되지 않은 영혼들이 그 가슴속에 가시가 되어야 합니다. 끌어안을수록 가슴 아픈 가시가 되어야 합니다.

영국의 키더민스터의 리처드 백스터 목사는 자신의 『회심』이라는 책에서 비회심자들을 향해 이렇게 말했습니다.

"우리는 무척이나 슬픕니다. 여러분으로부터 아무런 반응이 없기 때문에 우리의 영혼은 심히 안타깝습니다. ……여러분은 우리의 가슴을 찢어 놓고 있으며, 우리가 하나님께로 돌아가서 고통 가운데 하나님의 말씀을 전했지만 아무런 소용이 없었으며 전혀 들으려고 하지 않았다는 것을 보고 하도록 만들고 있습니다. 아! 우리의 눈에서는 눈물이 샘솟듯 할 것이며, 이 무지하고 무감각한 백성이 자기들 앞에 그리스도께서 계셔도, 자기들 앞에 용서와 생명과 천국이 있어도 이런 것들을 알려고도 하지 않고 가치를 인정하려고도 하지 않는 마음을 가지고 있음을 인해서 슬퍼하게 될 것입니다."[6]

이것이 목회입니다. 곤궁한 영혼을 보면서 가슴이 에이는 마음, 부모조차도 그 자녀의 영혼을 위해서 울어 주지 않을 때 목회자는 입술을 깨물며 그 영혼을 위해서 가슴을 쥐어뜯는 슬픔을 지닌 사람이어야 합니다.

저는 눈물로 호소합니다. 영혼을 위해 흐르는 눈물이 목회자에게 없다면 다른 것 모두 잘해도 삯꾼입니다. 그러나 목회자만 삯꾼 목자가 있는 것이 아니라 부모도 삯꾼 부모가 있습니다. 자기의 행복에만 눈이 멀어서 새끼들의 영혼은 어떻게 되든지 아랑곳하지 않는 막되 먹은 부모들이 있습니다.

자녀를 위하는 듯하나 그들은 결국 자녀를 통해 자신의 자아 실현을 이루려 하거나 혹은 좋은 것으로 먹이고 입히나 영혼을 위해서는 조금도 관심을 갖지 않습니다. 그런 삯꾼 부모가 혹시 여러분은 아닙니까?

---

[6] 리처드 백스터, 『회심』 백금산 역 (서울: 지평서원, 1999), 24-25.

여러분 가운데 자기 자녀의 회심을 목숨과 바꿀 사람이 있습니까? '내 새끼의 회심을 볼 수 있다면 하나님, 저 충분히 살았습니다. 이 아이가 주님을 뜨겁게 사랑하고 주님의 영광을 위해 살고 많은 사람들의 영혼을 위해 무엇인가 빛을 나누어 줄 수 있는 주님의 도구가 된다면, 이 아이가 흐르는 강물처럼 흘러가는 그곳에 이 땅이 고쳐지는 일들이 일어난다면 저는 죽어도 충분합니다.' 여러분이 참 부모라면 이런 고백이 여러분의 마음속에 살아 있어야 합니다.

부모로서 할 수 있는 일 2

두 번째는 가르치는 것입니다. 베드로 사도는 베드로전서 1장 23절에서 "너희가 거듭난 것은 썩어질 씨로 된 것이 아니요 썩지 아니할 씨로 된 것이니 살아 있고 항상 있는 하나님의 말씀으로 되었느니라"고 하였습니다. 이 부분에 대해서는 다음 장에서 좀더 자세히 살펴보겠지만 아이에게 하나님의 복음을 들려주어야 합니다. 진리의 말씀을 접하게 해주어야 합니다.

저희 큰 아이를 키울 때의 일입니다. 아이가 5학년이 되었는데도 회심이 늦어지고 있었습니다. 아이가 자라면서 회심하지 않은 증거들은 더욱 뚜렷하게 나타났습니다.

회심하지 않은 증거들이란 무엇입니까? 우선 모든 가치 판단이 자기중심적입니다. 온 세상의 중심에 자기 자신을 두고 판단하는 것입니다.

또한 거룩한 것, 즉 하나님의 말씀과 은혜에 대한 갈망이 없습니다. 그러다 보니 의지가 하나님의 말씀 앞에 굴복하지 않으며 실제 삶이 무신론적입니다. 저희 아이에게서 그런 증거들이 발견되고 있었습니다.

그래서 제가 저희 집사람에게 이야기했습니다. "우리 아이가 계속 회심을 안 하는데 내가 만나 본 분 중에 아이들 전도에 대해서 정말 훌륭한 한 목사님이 있어요. 그렇게 말씀을 잘 전하시고 영혼을 사랑하시던데 그분이 하는 캠프가 있다고 하니 우리 아이도 보내고 기도합시다."

아이가 6학년이 되었을 때 저희 부부는 아이를 그 캠프에 보내고 열심히 기도했습니다. 우리 아들을 맡은 반 선생님도 아들의 회심을 위해 혼신의 힘을 다해 기도해 주었습니다. 그리고 결국 그 시간을 통해 아들이 주님을 깊이 만나고 은혜의 세계에 눈을 뜨게 되었습니다.

하나님의 말씀이 들리는 그곳에 하나님의 사랑이 있습니다. 가정에서 아이들에게 말씀을 가르쳐 주는 것과 함께 때로는 그런 현장으로 아이들을 데리고 가야 합니다. 그래서 정직한 복음을 듣게 해주어야 합니다. 주님을 깊이 만나고 회심하는 역사는 복음이 선포되는 그 현장에 있을 때 일어납니다.

아이가 여전히 회심하지 않았다면 목회자와 잘 의논해서 아이를 말씀이 선포되는 그 자리로 데리고 가십시오. 강남 엄마들이 차에 아이를 싣고 이 학원 저 학원으로 다니는 열심에 못지않은 열심이 우리에게 있어야 하지 않겠습니까?

부모로서 할 수 있는 일 3

세 번째는 아이를 깊이 사랑하는 것입니다. 아이의 자연적인 성품이 올곧게 자라려면 무엇보다 부모가 따뜻한 사랑으로 아이들을 사랑해 주어야 합니다. 도덕적 성품 또한 마찬가지입니다. 사랑 없이 엄마와 아빠가 가르치려는 주님의 말씀은 단지 아이들을 옭아매는 율법에 지나지 않으며 오히려 아이들의 신앙이 자라나는 데 방해 요인이 될 것입니다. 사랑의 관계야말로 모든 가르침이 흘러 들어가게 하는 유일한 통로입니다.

아이들에게 무언가를 가르치려고 할 때 용돈을 왕창 주어서 산 권위는 하루밖에 가지 않습니다. 좋은 물건을 사 주어서 산 권위는 일주일밖에 가지 않습니다. 그러나 이 세상 누구에게서도 받을 수 없는 사랑을 베풀어 주는 부모의 그 사랑의 권위는 영원히 아이들의 마음속에서 지워지지 않습니다. 그러므로 아이를 깊이 사랑해야 합니다.

그런데 아이들을 그렇게 사랑하며 양육할 때 분명 실망하게 되는 순간이 있습니다. 사랑은 기대하는 마음을 갖게 하는데 그 기대에 부응하지 못할 때 그것이 실망과 고통으로 변하고 마는 것입니다. 이것은 부모가 자신이 가지고 있는 사랑의 자원만으로 자녀를 사랑하려고 하기 때문입니다. 그래서 부모가 참으로 자식을 사랑하기 위해서는 하나님께로부터 받은 은혜가 반드시 필요합니다.

사랑하는 대상은 자녀이지만 사랑하는 이유가 하나님이 될 때, 자녀가 자신의 마음에 들지 않는 순간에도 실망하지 않게 됩니다. 왜냐하면 사람을 최종적인 목적지로 하는 사랑은 그 사람에게 기대를 걸기 때문에 실망을 하지만 하나님을 최종적인 목적지로 하는 사랑은 하나님께 최종적인 기대를 걸기 때문에 결코 낙심하고 실망할 수 없습니다. 이것이 사람을 사랑하면서 낙심하지 않을 수 있는 유일한 비결입니다.

한때 저는 제가 가진 자원으로만 자식을 사랑하려고 했던 사람입니다. 물론 자녀를 위해서 기도했지만 하나님께로부터 받은 사랑으로 원수를 돌보듯이 자녀를 돌봐야 한다고까지는 생각하지 않았습니다. 그런데 결국 그 모든 자원이 바닥나고 말았을 때, 자녀는 아비인 저로 인해 상처를 받았고 아비인 저 또한 자식으로 인해 낙심을 경험해야만 했습니다.

여러분도 지금 그런 쓰라림을 맛보고 있지는 않습니까? 사랑은 언제나 오래 참는다고 하였습니다. 이 오래 참는 사랑은 우리 안에 있는 사랑으로는 결코 할 수 없는 사랑입니다. 저와 같은 우를 범하지 마십시오. 아이들을 키우다 보면 분명 아이들의 행동이 못마땅하고 마음에 안 드는 순간이 있을 것입니다. 그럴 때 오래 참으십시오. 그리고 무엇보다 주님께서 우리를 오래 참아 주셨음을 기억하며 오래 참는 사랑을 주님께 더 구하십시오.

쉽지 않은 이 길에서

저는 아침이면 교회 마당에 앉아 말씀을 읽고 묵상하곤 합니다. 그날도 어김없이 묵상 중에 이런 생각이 들었습니다. '우리 아이들이 세월이 많이 지난 후에 이렇게 말할 수 있을까? "나는 세상에 태어나서 좋은 것을 누리고 최고의 교육을 받지 못했지만 하나님을 사랑하는 우리 엄마, 하나님만을 섬기는 우리 아빠를 만난 것이 내 인생의 가장 큰 행복이었어요!"라고……'

우리 아이들이 이렇게 고백하게 된다면 얼마나 좋을까요? 재정적인 어려움으로 인해 최상의 교육 시스템으로 아이들이 받을 수 있는 최고의 교육을 시켜 주지 못한다고 해도 아이가 자신의 존재 자체를 뜨겁게 사랑해 주는 엄마 아빠의 그 사랑 속에서, 엄마 아빠가 가장 사랑하는 그 주님을 그들도 따라 사랑하며, 이 세상을 어떻게 살아가는 것이 주님께 기쁨이 되는지 엄마 아빠의 삶을 통해 배우며 그렇게 아이들이 자랄 수 있다면 얼마나 좋을까요?

부모가 된다는 것은 그렇게 쉬운 일이 아닙니다. 세상이 얼마나 악한지 우리의 자녀들을 가만히 내버려두지 않습니다. 아이들뿐만 아니라 부모인 우리도 가만히 두지 않습니다. 순간 순간 밀려오는 세상의 가치와 세상의 자랑을 좇아가다 보면 세상과 다름없이 살게 되는 것이 우리입니다.

그러므로 여러분, 늘 깨어 있읍시다. 쉽지 않은 이 길에서 주님 앞에 더욱 매달립시다. 더 늦기 전에 하나님께서 그 마음을 녹여 주시도록 온 마음을 다해서 아버지 앞에 매달립시다. 주님의 은혜를 의지해서 말입니다.

5장

진정한 행복의 비결

 너희가 진리를 순종함으로 너희 영혼을 깨끗하게 하여 거짓이 없이 형제를 사랑하기에 이르렀으니 마음으로 뜨겁게 서로 사랑하라 너희가 거듭난 것은 썩어질 씨로 된 것이 아니요 썩지 아니할 씨로 된 것이니 살아 있고 항상 있는 하나님의 말씀으로 되었느니라 벧전 1:22-23

얼마 전 보도된 바에 따르면 우리나라 어린이와 청소년이 느끼는 주관적 행복 지수가 OECD(경제협력개발기구) 국가 중 최하위인 것으로 조사되었습니다. 조사 결과 어린이와 청소년들이 느끼는 물질적 행복과 보건 안전, 교육, 생활양식 등에 대한 만족도는 평균보다 조금 높았지만 주관적 행복 지수는 4년 연속 OECD 23개국 가운데 가장 낮았습니다. 또한 상당수의 초등학생들이 가출과 자살 충동을 느끼는 것으로 나타났습니다.

참 안타까운 기사입니다.

부모들이 자라나던 시대보다 우리 아이들은 훨씬 더 좋은 환경에서 자라고 있습니다. 우리 부모 세대가 겪었던 것만큼 아이들은 전쟁의 위협에 시달리지도 않고 보릿고개의 눈물겨운 시절을 보내지도 않았습니다.

그런데도 우리 아이들은 왜 행복하지 않다고 느끼는 것일까요?

불행의 뿌리

인간이라면 누구나 행복하고 편안하게 살기를 원합니다. 불안하고 고통받는 인생을 살고 싶어하지 않습니다. 이것은 남녀노소뿐 아니라 신자나 불신자나 모두 마찬가지입니다.

그럼에도 불구하고 우리는 자신의 삶이 행복하기보다는 불행하다고 느끼는 많은 사람들을 만납니다. 우리를 불행하게 하는 그 불행의 뿌리는 무엇일까요?

사람들은 인류의 모든 불행의 원인이 외적인 데 있다고 믿었습니다. 가난은 끊임없는 고통의 원인이고, 물질의 부족은 수많은 사람들의 삶을 불편하게 만든다고 생각했습니다. 그래서 가난에서 해방되기 위해 치열한 경쟁 속에서 부를 쌓으려고 애써 왔습니다.

또 어떤 사람들은 불행의 시작이 질병 때문이라고 말했습니다. 사람들이 훨씬 더 긴 수명을 누릴 수 있음에도 불구하고 질병으로 인해 단명하여 사회와 가정에 영향을 끼쳐서 삶을 불행하게 한다고 믿은 것입니다.

또 어떤 사람들은 인간의 모든 불행의 원인이 무지에 있다고 보았습니다. 그래서 사람들에게 더 많은 문명의 혜택을 누리게 하고 지식을 전달해 주면 그들의 삶이 고통과 불행에서 벗어날 수 있을 것이라고 믿었습니다.

또 어떤 사람들은 인간의 불행이 사람들과의 관계에 있다고 생각했습니다. 그래서 관계를 법으로 규제하면 좀더 안락하고 편안한 삶을 살게 된다고 생각한 것입니다.

그러나 이 모든 것을 개선하여 현상이 어느 정도 달라질 수는 있겠지만, 이 모든 것들이 궁극적인 해결책은 될 수 없습니다.

진짜 뿌리

성경은 그 모든 불행의 원인을 죄에서 찾습니다. 죄가 들어옴으로 말미암아 고통과 악이 시작되었다고 합니다. 가난이나 질병 등의 비참한 현상들 너머에는 불행의 진짜 뿌리인 인간 안에 존재하는 죄가 있다는 의미입니다.

감기에 걸리면 기침을 하고 콧물을 흘리고 재채기를 합니다. 기침과 콧물, 재채기는 우리 몸이 감기 바이러스에 감염되었기 때문에 나타나는 증상들입니다.

감기를 고치려면 감기 바이러스에 대한 처방이 우선적으로 필요합니다. 근원에 대한 처방 없이 기침이 나올 때 입을 틀어막고 콧물을 계속 닦아내는 것만으로는 차도를 볼 수 없습니다.

이와 같이 인간의 불행도 불행의 진짜 뿌리인 죄에 대한 근본적인 처방이 있어야만 해결될 수 있습니다. 그리고 성경은 그 근본적인 치유책을 하나님과의 관계에서 찾습니다.

핍박받는 성도들에게

초대교회의 많은 성도들은 예수 그리스도를 자신의 주라 고백하는 순간부터 고난과 박해에 시달려야 했습니다. 그들은 예수를 믿는다는 사실 하나 때문에 사자 굴에 던져지거나 화형을 당하는 등 신앙과 목숨을 바꾸어야 하는 상황에 직면해 있었습니다.

믿음을 지키기 위해 죽음을 무릅써야 했던 사람들, 그들은 세상의 시선으로 보기에는 불행한 운명에 놓인 사람들이었습니다.

사도 베드로는 지금 그들을 향해 편지를 쓰고 있습니다. 그는 그 편지 속에서 다가오고 있는 핍박과 고난을 믿음과 소망 가운데 이길 것을 강력하게 권면하면서 독특한 방식으로 그들에게 믿음을 굳건히 하도록 격려하고 있습니다.

"너희가 진리를 순종함으로 너희 영혼을 깨끗하게 하여 거짓이 없이 형제를 사랑하기에 이르렀으니 마음으로 뜨겁게 서로 사랑하라 너희가 거듭난 것은 썩어질 씨로 된 것이 아니요 썩지 아니할 씨로 된 것이니 살아 있고 항상 있는 하나님의 말씀으로 되었느니라"(벧전 1:22-23).

그것은 바로 그들의 구원의 본질을 생각나게 해주는 것이었습니다. 예전에는 죄에게 팔려 종 노릇 하던 이 죄인들을 하나님께서 예수 그리스도의 보혈로 건져 주신 그 구속의 은혜를 높이도록 그들을 도전하고 있는 것입니다. 그러면서 사도는 이 사랑하는 성도들의 신앙의 상태와 그런 복된 신앙생활을 하게 된 근거로서 중생을 이야기하고 있습니다.

행복의 근거

비록 핍박과 고난을 앞두고 있는 연약한 성도들이지만 그들이 하나님 앞에서 행복하게 살고 있는 이 모습을 통해서 우리는 인간의 행복을 보게 됩니다. 편지를 쓰고 있는 베드로는 수신자들에 대해서 이렇게 말했습니다. "너희가 진리를 순종함으로 너희 영혼을 깨끗하게 하여 거짓이 없이 형제를 사랑하기에 이르렀으니"라고 말입니다.

얼마나 놀랍습니까? 그들도 똑같이 질병과 가난과 고통에 시달리고, 모르는 것이 많고 끊임없이 사람들과의 관계 속에서 갈등을 느끼는 평범한 사람들이었습니다. 그러나 그들이 살고 있던 세상은 변하지 않았지만 그들의 영혼에는 변화가 찾아왔습니다.

진리를 순종함으로 영혼이 깨끗하게 되고 거짓 없이 형제를 사랑하기에 이른 것입니다. 그들은 복음을 통해 하나님의 진리가 무엇인지를 알았습니다. 그리고 그 주님을 사랑하는 마음으로 진리에 복종하는 사람들이 되었습니다.

그 복종 속에서 성령의 놀라운 은혜로 그들의 영혼은 정결하게 되었고 거기에서 다시금 주님을 향한 참다운 사랑이 가득하게 되었습니다. 그 사랑으로 주님께서 사랑하시는 형제들을 또한 사랑하면서 아름다운 교회 공동체를 이루며 하나님의 통치 아래 살아가게 된 것입니다.

그는 여기서 그들이 예수님을 믿었기 때문에 복을 받게 되었다든지, 예수님을 믿었기 때문에 성공하게 되었다든지, 예수님을 믿었기 때문에 어떤 것을 누리게 되었다는 것을 말하지 않습니다. 그가 피력하는 바는 모든 변화의 핵심이 하나님과의 관계에 있고, 인간의 영혼에 있다는 것입니다.

이것이 바로 복음입니다. 우리에게 필요한 것은 이 복음을 있는 그대로 듣고 이 세상의 사조에 섞이지 않는 진리의 말씀으로 거듭나고 영혼이 정결해지는 것입니다.

내가 틀렸었다

1970년대부터 80년대까지 미국을 뒤흔들어 놓았던 짐 베커(Jim Bakker)라는 유명한 사역자가 있습니다. 훗날 『내가 틀렸었다』라는 책을 쓴 그는 한때 최고로 잘나가는 부흥사였습니다.

그는 소위 말하는 '텔레비전 전도자'(televangelist)로 텔레비전에 나와 설교하는 방송 설교자였습니다. 많은 사람들이 그의 설교를 시청했습니다. 높은 시청률의 비결은 다름 아닌 불면증 환자들 때문이었습니다.

미국은 당시 불면증 환자들이 2,500만 명에 이르렀다고 합니다. 대개 늦은 밤 방송된 그의 설교를 듣고 많은 불면증 환자들이 위로를 받고 눈물을 흘렸습니다. 그의 유창한 언변은 사람들의 마음을 사로잡았고 위로와 격려를 받은 사람들은 수표에 서명을 하여 그에게 보내 주었다고 합니다. 그는 당시 대통령과도 친분을 가지면서 사회적으로도 성공한 사역자가 되었습니다.

문제는 그의 사상이었습니다. 그의 사상은 일명 '성공 복음'이었습니다. 하나님께서는 우리가 성공하여 부자가 될 것이라고 약속하셨다는 것입니다. 그래서 예수님을 잘 믿으면 성공할 수 있고 그것을 누리며 사는 것이 인생의 분복이라고 믿었습니다.

이런 성공주의적인 복음이 텔레비전 설교를 통해서 엄청난 파문을 일으키면서 사람들에게 전파되었고 그는 갈수록 유명세를 타고 명성과 인기를 얻었습니다.

그러다가 결국은 커다란 시련을 맞이하게 되었습니다. 여러 가지 도덕적인 추문에 휩싸이게 되었고, 그 추문이 사실로 드러나면서 존경과 모든 명성을 잃어버렸습니다. 그러나 그것은 그가 그 이후에 잃어버릴 것에 비하면 사소한 것이었습니다.

그는 커다란 선교 단체를 이끌고 있었는데 재단을 운영하면서 거액의 돈을 유용하였다는 혐의를 받아 집중적인 수사를 받았고 기소되었습니다. 그리고 45년의 형을 선고받고 감옥에 투옥되었습니다.

결국 횡령 혐의에 대해서는 상당 부분 벗어나게 되었지만, 2,000만 달러에 가까운 소송 비용을 대기 위해서 그는 자기가 가지고 있던 모든 재산을 팔아야 했습니다. 수많은 저택들이 날아가고, 자식들은 유리하고 방황하며 마약 중독자가 되었습니다.

그 후 공금 유용 혐의에 대해서는 무죄 선고를 받고 4년 6개월 만에 출소하였습니다.

감옥에 있던 동안 그는 한 사람의 죄수로서 성경을 다시 읽기 시작했습니다. 그때 놀라운 변화가 찾아왔습니다. 그것은 바로 성경이 가르쳐 준 복음이 아닌 것을 자신이 오랫동안 복음이라 믿으며 전해 왔다는 것을 깨달은 것입니다.

그러면서 고백하기를 "몇 달 동안 예수님을 공부하고 난 뒤 나는 놀랍게도 주님께서 돈에 대해서는 한마디도 좋은 말씀을 하지 않으셨다는 결론에 도달했다. 돈에 대한 예수님의 말씀이 내 마음속에 엄청난 충격을 주었기 때문에 나는 속이 매스꺼웠다. 내가 틀렸었다. 내가 틀렸었다! 나의 라이프 스타일이 분명 틀렸었다. 그러나 더 근본적으로는 성경의 진정한 메시지에 대한 나의 이해가 틀렸었다. 나는 나 스스로도 틀렸을 뿐만 아니라 예수님께서 말씀하신 것과 정반대로 가르쳤다. 내가 사실상 그리스도를 반대해 왔다는 것을 알게 되자 소름이 끼쳤다."[7]라고 하였습니다.

그래서 그는 통한의 눈물을 흘리며 『내가 틀렸었다』라는 제목의 책을 쓴 것입니다.

진정으로 필요한 것

여러분 우리 자녀들의 참된 행복을 위해 진정으로 필요한 것은 무엇일까요? 한 아이가 이 세상에 태어나서 세상의 높은 지위를 가지고 많은

---

7) 짐 베커, 『내가 틀렸었다』 김재일 역 (서울: 지혜의일곱기둥, 2009), 413-414.

재화를 누리며 명예를 얻고, 남들이 부러워하는 학문으로 재주를 자랑하고 남들이 하지 못하는 예술과 기회로써 모든 사람의 찬사를 받는다고 할지라도 그것은 아이가 이 세상에 살아 있는 동안의 삶의 형편이나 지상에서의 영예와만 관계되는 것입니다.

다시 말하면 그 모든 것들이 이 세상을 사는 데 있어서는 너무나 좋은 것들이지만 영원을 향하여서는 의미를 가질 수 없다는 것입니다. 그것들은 잠시 이 세상을 사는 동안에 우리의 삶이 구현되는 인생의 양태일 뿐입니다.

그러나 인생이 정말 행복해지는 것은 그것 때문이 아닙니다.

우리 자녀들이 진리에 순종하고 깨끗한 영혼으로 주님의 형상을 닮은 영혼들을 뜨겁게 사랑하며 산다면, 거의 모든 것이 우리 자녀들에게 주어진 것이 아닐까요? 그러한 삶에 있어서 사회적인 부와 명예보다 더 중요한 것은 진리를 어려서부터 알고 거기에 순종함으로 순결한 영혼으로 형제를 뜨겁게 사랑하며, 어디에 있든지 그 사랑 때문에 하나님께서 창조하신 이 세계가 하나님의 창조 목적으로 돌아가게 하는 데 이바지하는 것입니다.

이것을 위해서 우리의 자녀들에게 필요한 것은 바로 예수 그리스도로 말미암아 거듭나고 회심하는 것이며 그것이야말로 진정한 행복으로 가는 유일한 길입니다.

사도는 이렇게 자기의 편지를 받는 성도들이 진리를 순종하고 영혼의 깨끗한 상태를 유지하며 형제들을 사랑하게 된 그 뿌리를 밝히고 있습니다. 좋은 환경, 훌륭한 부모, 넉넉한 가정생활, 사회의 좋은 제도나 법이 이들을 이렇게 만들어 준 것이 아니었습니다. 여전히 시련과 고난이 있고 핍박이 있었습니다. 그 당시에도 가난에 시달리는 많은 성도들이 있었습니다.

그럼에도 불구하고 이들이 이렇게 깨끗한 영혼으로 형제를 사랑하고 주님을 공경하며 살 수 있었던 삶에 대해서 이렇게 말합니다. "너희가 거듭난 것은 썩어질 씨로 된 것이 아니요 썩지 아니할 씨로 된 것이니 살아 있고 항상 있는 하나님의 말씀으로 되었느니라"(벧전 1:23).

첫 번째 거듭남의 방편

말씀 속에서 사도는 거듭남의 방편에 대해서 말했습니다. 바로 '썩지 아니할 씨'와 '살아 있는 말씀'이 그것입니다.

우리말 성경에 보면 씨가 곧 하나님의 말씀인 것처럼 보입니다. 또 실제로 마태복음 13장에서는 이 씨를 하나님의 말씀이라고 설명하였습니다. 그러나 희랍어 성경에 보면 오히려 "썩지 아니할 씨로부터 그리고 항상 있는 말씀을 통하여"라고 되어 있어서 이 두 가지가 엄연히 다른 것임을 보여줍니다.

그럼 여기서 말하는 '썩지 아니할 씨'란 무엇일까요? 이는 곧 성령을 가리킵니다.

구원받지 못했을 때 우리는 그저 자연적인 본성을 가지고 살아가는 죄인일 뿐이었습니다. 그러나 거듭나는 역사로 말미암아 하나님께서는 강권적으로 우리 속에 썩지 아니할 씨인 성령을 심으셨습니다. 마치 이 세상에 있는 작물의 씨앗이 온도와 습기, 양분과 시간이 맞을 때 싹을 틔우고 줄기, 가지, 잎으로 뻗어 나가 열매를 맺고 큰 나무가 되는 것처럼 그렇게 자라나 우리를 변화시킬 성령이라는 씨를 우리 속에 심으신 것입니다.

두 번째 거듭남의 방편

성경은 우리에게 또 하나의 거듭남의 방편에 대해서 말하는데, 바로 '살아 있고 항상 있는 말씀' 입니다. 성령의 씨가 심겨진 영혼은 하나님의 말씀이 들릴 때, 그것이 하나님의 말씀이라는 사실을 깨닫게 됩니다. 이러한 놀라운 역사를 가리켜 우리는 '회심' 이라고 부릅니다. 그러므로 하나님께서 회심시킬 사람들은 반드시 중생, 곧 거듭나게 하십니다.

이렇게 썩지 아니할 씨를 우리 속에 심으시는 하나님의 역사는 하나님 홀로 행하시는 역사이지만, 이 역사가 일어날 사람들에게는 반드시 하나님의 말씀이 들리는 역사가 있습니다. 그래서 우리는 이 두 가지, 곧 하나님께서 강권적으로 우리 자녀들의 영혼에 심으시는 썩지 아니할 씨인 성령과 살아 있는 하나님의 말씀이 함께 역사하여 우리 자녀들을 거듭나게 하고 회심하게 한다는 사실을 굳게 믿어야 합니다.

만약에 여러분의 자녀들이 오랫동안 교회에 다니고 교회의 문화 속에서 자라왔다고 할지라도, 이러한 말씀과 성령의 은밀한 역사를 경험하지 못했다면 결코 거듭났다 말할 수 없습니다.

자녀에게 꼭 필요한 것

우리가 우리의 자녀들에게 베푸는 사랑과 관심은 크지만 결코 완전하지 않습니다. 그래서 우리는 우리의 자녀들에게 유익이 될 것이라 생각한 일인데 때로는 그 일이 자녀들의 인생을 망가뜨리기도 하고 오히려 불행하게 하기도 합니다.

그것은 정말 자녀에게 필요한 것이 무엇인지를 모르기 때문입니다. 사실 우리는 우리 속으로 낳은 자식이지만 그 모든 것을 알 수도 없습니다. 그러나 하나님께서는 모든 것을 아십니다.

우리는 우리의 자녀와 영원히 함께할 수도 없고 그의 모든 삶이 항상 행복할 수 있도록 지켜 줄 수도 없습니다. 그러나 주님께서는 영원히 함께하시며 영원히 지키시고 도우십니다. 우리의 자녀들이 주님을 의지하며 하나님의 도우심과 보호하심을 일평생 받는다면 때로는 넘어지고 때로는 폭풍우를 만날지라도 그분이 주시는 평안과 행복 속에서 반드시 살아갈 것입니다.

생각해 보십시오. 자녀를 아무리 매질하며 교육한다 할지라도 그의 본성을 완전히 아름답게 바꿔 놓을 수는 없습니다.

그러나 성령은 이렇게 놀라운 일을 하십니다. 악하고 불순종하던 우리를 주님을 사랑하고 주님께 순종하는 사람으로 거룩하게 만들어 가시기 위해 항상 하나님께서는 편안하고 좋은 환경만 사용하신 것이 아닙니다. 오히려 우리가 당신의 형상을 닮아가도록 거룩하게 만드시기 위해 편안한 환경보다는 고난과 시련, 고통을 더 많이 사용하셨습니다.

이것이 바로 칼빈이 말한 십자가입니다. 어떤 사람에게 고통과 시련은 인생을 망가뜨리고 불행하게 하는 원인이 되지만, 어떤 사람에게는 고통과 시련의 십자가가 그를 예수 그리스도께로 더 가까이 다가가게 해서 순결한 사람으로 만들고 하나님을 사랑하는 사람으로 만들어 결국은 자기 교만을 버리고 주님을 의지하며 참 행복의 삶을 살게 하는 도구가 됩니다.

똑같은 고난과 시련 앞에서 그들을 불행과 행복으로 갈라놓은 이 둘 사이에 있는 차이는 무엇입니까? 전자의 삶에는 그리스도께서 계시지 않고, 후자의 삶에는 그리스도께서 계신 것, 그것 외에 다른 차이는 아무것도 없습니다.

피비 바틀릿

조나단 에드워즈(Jonathan Edwards)의 『놀라운 부흥과 회심 이야기』에는 피비 바틀릿(Phebe Bartlet)이라는 4살 된, 우리나라 나이로 하면 5살 정도 된 꼬마의 이야기가 등장합니다.

피비는 자신의 구원을 위해 간절히 기도했고 지옥의 두려움과 천국의 평안을 경험하였습니다. 그리고 하나님을 사랑하며 구원의 확신을 갖게 되었습니다. 에드워즈는 피비가 회심 이후 하나님께 대한 큰 경외심을 가지고 하나님께 죄를 짓는 것에 대한 특별한 두려움을 가지고 있었다고 기록합니다.

그의 엄마가 에드워즈에게 들려준 이야기입니다. "피비는 언니 오빠들과 함께 이웃집 농장에 가서 자두를 땄습니다. 그것이 나쁜 짓이라는 것은 전혀 알지 못했습니다. 피비가 자두를 집으로 가져 왔을 때, 하나님께서 도둑질하지 말라고 하셨으므로 주인의 허락 없이 자두를 따는 것은 죄이기 때문에 안 된다고 말해 주었습니다. 아이는 크게 놀라면서 눈물을 흘리며 '나는 이 자두 안 가질 테야.' 라고 소리쳤습니다."

이야기는 여기서 끝나지 않습니다. 이후 피비의 엄마는 피비에게 가서 주인에게 허락을 받으면 자두를 먹는 것이 죄가 되지 않는다고 말하고 주인의 허락을 받지만 피비는 여전히 크게 소리를 지르며 울었습니다. 왜 또 우냐고 묻는 엄마에게 피비는 다음과 같이 대답했습니다. "그것은, 그것은, 죄를 지었기 때문이에요."

피비는 오랫동안 계속해서 울었고 죄에 대한 기억 때문에 오랫동안 자두를 기피했습니다.[8]

어떻게 이런 일이 가능하였을까요? 피비는 죄로 인해 울며 아파했지만 그 이후에 분명 주님의 위로를 받았을 것입니다. 피비의 부모가 날마

---

8) 조나단 에드워즈, 『놀라운 부흥과 회심 이야기』 백금산 역 (서울: 부흥과개혁사), 143-144.

다 아이를 감시한 것이 아니었습니다. 하나님께서 아이의 영혼 속에 성령님으로 역사하셔서 말씀으로 끊임없이 변화시켜 나가신 것입니다.

성령님을 아이에게 넣어 주는 일은 우리가 할 수 있는 일이 아닙니다. 그래서 우리가 할 수 있는 일은 하나님을 의지하여 지혜를 구하고, 마음과 정성을 다해 아이들에게 보다 쉽고 정확하게 오직 하나님의 말씀을 들려주는 것입니다.

그러나 그것만으로 우리의 아이들이 변화되는 것이 아님을 항상 기억해야 합니다. 거듭해서 말씀드리지만 아이들이 중생하고 회심하는 강력한 은혜의 역사는 성령님의 주권적인 역사에 달려 있습니다. 그래서 우리는 하나님 앞에 기도할 수밖에 없습니다.

시한부 행복을 넘어

조용히 무릎을 꿇고 하나님 앞에 여러분이 자녀들의 행복을 위해 지금껏 그들을 어떻게 양육해 왔는지 돌아보십시오. 부지런히 교육시키고 먹여 살리겠다고 아등바등 댔지만 혹시 여러분의 부모로서의 섬김이 그들의 육체의 행복만을 위한 것은 아니었는지 깊이 돌아보십시오.

그러한 돌봄으로 인해 아이들이 설령 정말 행복하다고 해도 하나님과의 평화가 이뤄지지 않은 행복은 언젠가는 다하고 말, 영원할 수 없는 '시한부 행복'입니다. 내 자녀가 이 세상에서 성공하고 남을 지배하는 위치에서 안락하고 편안한 삶을 살기를 바라며 지금까지 뒷바라지 해왔다면 그 모든 것들은 시한부 행복을 위한 애씀이었습니다.

이제 그 시한부 행복을 넘어 영원할 뿐 아니라 참된 행복을 위해 우리 아이의 영혼이 진리에 순종함으로 순결하게 되고, 거짓이 없이 형제를 사랑함으로 그가 이 세상에 존재하는 것이 하나님께서 보시기에 또 그가 사랑하는 형제들이 보기에도 아름다운 영혼이 되도록 그렇게 돌보는 부모들이 되기를 진심으로 바랍니다.

6장

회심의 화로, 가정

그가 아버지의 마음을 자녀에게로 돌이키게 하고 자녀들의 마음을 그들의 아버지에게로 돌이키게 하리라 돌이키지 아니하면 두렵건대 내가 와서 저주로 그 땅을 칠까 하노라 하시니라
말 4:6

스마트폰에서 '푸딩'이라는 애플리케이션이 한창 인기를 끌었습니다. 사진을 넣으면 자신과 닮은 연예인을 찾아 주는 것입니다. 결과를 받은 사람들은 자신과 닮은 연예인이 어떤 사람이냐에 따라서 희비가 엇갈립니다. 그런데 세상에서 우리와 가장 많이 닮은 사람은 누구일까요?

육체와 영혼의 닮은꼴

하나님께서는 이 세상에 있는 모든 만물을 창조하셨을 뿐 아니라 인간도 손수 지으셨습니다. 처음 두 사람은 하나님께서 직접 창조하셨지만 이후에 모든 사람들은 부모의 결합을 통해서 육체 안에서 태어나게 하셨습니다.

삼위일체 하나님께서는 본질이 사랑이십니다. 그 사랑 안에서 하나님께서는 생명을 이 세상에 쏟아 놓으셨습니다.

이 세상에 보이는 생명이 없는 것들은 물론이거니와 생명이 있는 모든 것들은 삼위 하나님 안에서 창조된 피조물입니다. 그 모든 피조물 중에서 인간은 삼위 하나님의 형상을 가장 많이 닮은 존재로 창조되었고 그렇게 창조된 인간은 그 창조 안에서 하나님의 아름다운 존재의 성품을 드러내게 되었습니다.

인간이 어떻게 자녀를 낳는지 생각해 보십시오.

남녀가 만나서 깊이 사랑하고 "이는 내 뼈 중의 뼈요 살 중의 살이라"는 고백 속에서 육체의 결합을 이루게 됩니다. 이것은 그들 안에 있는 사랑의 극치입니다. 이 사랑의 극치를 통하여 남녀로 따로 존재할 때에는 잉태될 수 없는 생명이 잉태되고 이 땅에 태어나게 됩니다.

하나님께서는 그렇게 태어나는 아이들을 전혀 새롭게 창조하지 않으시고 얼굴과 온몸의 생김새뿐 아니라 영혼까지도 부모를 닮은 존재로 태어나게 하십니다.

그 이유는 하나님께서 그분이 창조하신 우리 안에서 당신을 발견하시고 우리를 사랑하시는 것처럼 우리도 우리의 자식들 안에서 우리의 모습을 보고 사랑하게 하시기 위해서였습니다. 그래서 하나님도 아닌 우리의 사랑의 결합을 통해 세상에 없던 존재가 이 땅에 태어나게 하신 것입니다.

동물의 세계에서는 이것이 조금 흐릿하게 나타납니다. 동물들이 나누는 그것이 사랑이라고 말할 수는 없지만 그러나 그것과 비슷하게 서로를 좋아하는 감정을 갖게 하시고 그래서 육체의 결합을 통해서 자기의 씨를 이 세상에 퍼뜨리게 하셨습니다. 그것 역시 사랑 안에서 생명이 움트는 것이라고 말할 수 있습니다.

　이러한 원리는 곤충들과 멀리는 식물들에 이르기까지 퍼져서 그 사랑의 결합 안에서 새 생명이 태어나게 됩니다. 이는 사랑이신 삼위 하나님의 교통을 통하여 생명이 있는 만물이 이 세상에 산출되는 것과 같은 원리입니다.

죄가 없었다면

　만약 죄가 들어오지 않았다면 부모인 우리는 하나님께서 우리를 사랑하시는 것과 아주 유사한 사랑으로 자식들을 깊이 사랑하고, 우리의 자식들은 타락 전 아담과 하와가 하나님을 그토록 의지하고 순종했던 것처럼 부모를 의지하고 순종하면서 하나님을 알아가고 함께 이 땅을 정복하고 생육하며 번성하여 충만하게 되었을 것입니다.

　그러나 불행하게도 죄가 들어왔습니다.

　이 죄는 인간과 하나님 사이의 관계를 파괴했고 인간과 인간의 관계도 파괴했습니다. 뿐만 아니라 인간과 자연의 관계를 파괴했고 심지어는 인간 자신과의 관계도 파괴해 버려서 인간이 철저히 하나님과 인간과 자연, 심지어는 자기 자신에게도 낯선 존재가 되도록 고립시켜 버렸습니다.

　그 후로부터 인간은 모든 복의 근원이 하나님이심에도 불구하고 하나님 바깥에서 그 행복을 찾아보려고 몸부림치게 되었습니다. 영혼의 외도가 시작된 것입니다. 그것이 곧 인간의 모든 불행의 원인임에도 불구하고 말입니다. 그러면서 모두 자신이 하나님과 같은 위치에 있기를 사모하게 되었고 온 우주의 중심이 자신이고 모든 행복의 기준이 자기인 것처럼 생각하면서 스스로 하나님 없는 무질서한 세상에서 고통을 받는 존재들이 되어 버렸습니다.

　창조 때 하나님 안에서 누리던 그 모든 복락을 잃어버린 것입니다. 그래서 동물은 아무리 추해져도 동물 이하일 수 없지만 인간은 동물보다 훨씬 존귀한 존재임에도 불구하고 동물 이하의 취급을 받기도 합니다. 인간은 하나님의 은혜가 아니면 인간으로서 인간답게 살아가기 어려운 존재가 되고 만 것입니다.

　이제 인간은 하나님을 등지고 살아가는 세상 안에서 아무리 채우려 해도 채워지지 않는 목마름을 가진 채 하나님을 등지고 그분께 중대한 도전을 하며 살아가게 되었습니다. 이것은 하나의 운명이 되었고 외부로부터 오는 어떤 도움 없이는 이런 비참한 삶에서 벗어날 수 없게 되었습니다.

　그리고 이러한 죄의 파괴적인 현상은 우리의 가족들 안에서도 드러나게 되었습니다. 인간은 불행하게도 이 모든 것들을 자녀들에게 물려줄 수밖에 없는 처지가 된 것입니다.

구약의 마지막 선지자의 예언

말라기 선지자를 아십니까? 그는 구약의 마지막 선지자였고 "그가 아버지의 마음을 자녀에게로 돌이키게 하고 자녀들의 마음을 그들의 아버지에게로 돌이키게 하리라 돌이키지 아니하면 두렵건대 내가 와서 저주로 그 땅을 칠까 하노라 하시니라"(말 4:6)라는 구약성경 전체의 마지막 구절을 남겼습니다.

말라기 선지자가 말한 '그'는 바로 신약의 세례 요한을 가리킵니다. 이 성경 구절은 신약의 맨 처음 예언이 이루어질 것임을 보여줍니다.

누가복음 1장에서 세례 요한은 예수님께서 오시는 앞길을 예비하기 위해 보냄을 받은 선지자로서 "주 앞에 큰 자가 되며……이스라엘 자손을 주 곧 그들의 하나님께로 많이 돌아오게 할 것"이라고 예언되었습니다(눅 1:15-16). 그러면서 다음의 예언이 덧붙여집니다. "그가 또 엘리야의 심령과 능력으로 주 앞에 먼저 와서 아버지의 마음을 자식에게, 거스르는 자를 의인의 슬기에 돌아오게 하고 주를 위하여 세운 백성을 준비하리라"(눅 1:17).

어떤 사람들은 여기에서 말하는 아비가 하나님이고 자식이 이스라엘 백성이라고 말하지만 그보다는 육신적인 아비와 자식을 가리키는 것으로 보는 것이 맞습니다.

즉, 하나님을 멀리 떠나고 이 땅이 타락하게 되었을 때에 그 타락의 한 복판에는 깨뜨려진 가정이 있다는 사실을 말해 주고 있는 것입니다. 뿐만 아니라 성경은 하나님께서 다시 은혜를 주셔서 땅이 고쳐지고 회복될 때, 많은 사람이 하나님께로 돌아오게 되는데 무엇보다 가족 관계가 다시 회복될 것임을 예고하고 있습니다.

자식에게 물려줄 수 없는 것

하나님의 큰 은혜가 이스라엘에게 임할 때, 먼저 아비의 마음을 자식에게로 돌아가게 할 것이라는 예언이 자녀들의 마음을 아비에게로 돌아가게 할 것이라는 예언보다 먼저 등장합니다. 왜 그럴까요?

저는 인생을 살면서 많지는 않지만 하나님을 믿지 않는 부모들 중에서도 자식을 향해 한없는 사랑과 희생의 정신을 가진 분들을 종종 만나 보았습니다. 그들은 "나실 제 괴로움 다 잊으시고 기르실 제 밤낮으로 애쓰는 마음 진자리 마른자리 갈아 뉘시며 손발이 다 닳도록 고생하시네." 이런 찬가를 받기에 합당한 부모들이었습니다.

그러나 생각해 보십시오. 부부의 육체의 결합을 통해 자신들의 닮은꼴로 자녀를 낳았고 자신의 시간과 물질, 힘을 쏟아 부어 자녀를 기릅니다. 그러나 그 부모들이 자식에게 해줄 수 있는 것은 지상에서의 사랑이고 그 사랑이 이 지상에 있는 것들을 아낌없이 자식에게 물려줄 수는 있지만 그러나 부모가 그런 아름다운 희생의 정신을 가지고 있어도 자녀에게 물려줄 수 없는 것이 있습니다.

그것은 바로 보이지 않는 우리 영혼의 부모이신 한 분 하나님을 일평생 힘을 다해 사랑하면서 하나님 안에서 인간으로서의 참된 인생의 행복을 찾으며 살아야 할 인간의 근본적인 도리입니다.

이것은 회심치 않은 혹은 회심의 은혜를 잃어버린 부모의 자연적인 사랑으로는 자식에게 절대로 물려줄 수도, 가르쳐 줄 수도 없는 것입니다.

그래서 자식의 행복을 생각하는 부모라면 그 모든 행복이 하나님 안에 있고 인간이 하나님 안에서만 발견할 수 있는 그 행복을 하나님 밖에서 열렬히 찾으려 하면 찾으려 할수록 더욱더 불행해진다는 사실을 발견하면서 부모가 먼저 하나님 앞에 회심한 자로 살아가야 합니다.

영혼과 관련된 그 참된 행복에 있어서 부모는 자신이 하나님께로부터 받은 것이 아니고서는 하나님께 속한 것을 결코 자녀에게 물려줄 수 없습니다. 더욱이 그가 회심하지 않은 부모라면 회심하지 않은 상태로 태어난 죄 된 본성밖에는 물려줄 수 있는 것이 없습니다.

부모의 본분

그러므로 죄로 인해 하나님께서 디자인하신 원래의 참모습을 잃어버리고 산산이 부서진 관계 속에서 살아가는 부모의 마음이 자녀에게로 향하는 그 회복이 일어나기 위해서는 무엇보다 부모가 하나님 앞에서 회복되는 일이 먼저 일어나야 하는 것입니다. 그렇게 하나님 앞에서 회복된 부모의 마음이 자녀에게로 돌아갔을 때 자녀들의 마음 또한 부모에게로, 또 하나님께로 빠르게 돌아올 것입니다.

하나님께서는 아담과 하와를 갓난아이 상태로 짓지 않으시고 다 자란 성인으로 태어나게 하셨습니다. 그러니 남녀가 동침해 태어나는 자녀도 성인 상태로 태어나거나 혹은 태어나자마자 성인으로 빠르게 자라나게 할 수도 있으셨을 것입니다.

그러나 하나님께서는 그렇게 하지 않으셨습니다. 왜냐하면 아이가 태어나 지성과 마음이 순수할 때 엄마 아빠를 통해 하나님의 사랑을 입은 참사람으로 이 세상을 살아가는 것이 무엇인지를 보며 자랄 수 있도록 해주시기 위해서였습니다. 그래서 핏덩이로 태어나 눈을 뜨면서 엄마 아빠를 보게 하시고 그 사랑 안에서 본성적으로 그를 따르며 살게 만들어 주신 것입니다.

제가 아는 은퇴하신 선교사님 부부가 있습니다. 한없이 바쁜 일정과 안정되지 못한 생활 탓에 자녀들이 제대로 된 학교 교육을 받는 것도 쉽지 않은 상황이었습니다. 그런데 아이들이 모두 반듯하게 잘 자랐습니다.

후배들이 물었습니다. "사모님, 그렇게 고단하게 사역지를 옮겨 다니시고 자녀들 교육도 못 시키셨는데 어떻게 자제분들이 그렇게 훌륭하게 되었습니까?"

사모님이 대답하셨습니다. "없어요. 저는 아이들에게 부끄러운 사람입니다. 아무것도 못 해주었어요. 그런데 한 가지는 항상 가르쳐 주었지요. 너희는 하나님을 사랑해야 한다. 너희가 행복하기 위해서는 하나님만 사랑해야 한다. 너희의 사랑을 받으실 분은 하나님 한 분뿐이시다."

그 말을 듣고 후배들은 모두 "아……." 하고 짧은 탄성을 내뱉었습니다. 그리고 모두가 하나같이 두 분이 자녀들 앞에서 그렇게 먼저 살아오셨다는 사실에 동의했습니다.

이 세상에서 가장 행복한 사람은 참으로 하나님 안에서 사람답게 살려고 애쓰는 부모를 만난 자식들입니다. 그 이상 행복한 사람은 없습니다. 부모가 모두 신앙이 없고 심지어는 부모로부터 핍박과 멸시를 받으며 신앙생활을 하면서 1대 믿음의 가정을 이룬 사람들은 이 간단한 말에 담긴 뼈저린 눈물을 알 것입니다.

믿음의 1세대들에게 저도 동일한 길을 걸어 본 사람으로서 말하고 싶습니다.

여러분, 인생의 길에서 너무나 쓰라린 방황을 하지 않았습니까? 그 인생의 어두운 골목길에서 홀로 흘린 수많은 눈물들, 이 세상에 내동댕이쳐진 것 같은 누구도 채워 줄 수 없는 근원을 알 수 없는 외로움, 이제 그런 모든 것들은 여러분에게서 끝나야 하지 않겠습니까?

만약 여러분이 제가 그토록 원했던 그런 믿음의 부모님들이라면 여러분의 자녀들은 여러분을 통해서 참 인간이 어떻게 살아가야 하는지, 죄 가운데 태어나서 이 세상에서 흔들리는 연약한 갈대와 다름없는 부족한 인간이 어떻게 하나님의 은혜를 의지하며 주님의 은혜 안에서 강한 사람이 되는지, 또한 이 세상의 시련과 고난과 많은 유혹에 흔들리면서도 연약한 인간이 어떻게 하나님의 은혜 주시는 손에 붙들려서 그 모든 결함에도 불구하고 끊임없이 용서받고 다시 사랑을 받으며 하나님을 찾아가는지를 볼 수 있어야 하지 않을까요? 그렇게 보여주는 것이 부모인 우리들의 가장 큰 본분입니다.

만약 여러분이 교회 문은 자주 들락거리지만 성도다운 삶과는 거리가 먼 삶을 살고 있어서 자녀들이 여러분의 모습을 보면서 '저건 아니야! 나는 절대 우리 엄마 같은 사람과는 결혼하지 않을 거야! 난 절대 우리 아빠 같은 삶은 반복하지 않을 거야!' 라고 다짐하고 있다면, 아이들의 마음속에 참 부모로서의 여러분의 모습은 없고 여러분과 함께 하나님도 지워져 가고 있는 중일 것입니다.

그러므로 부모로 이 세상에 자식을 낳고 산다는 것이 얼마나 커다란 멍에요, 십자가인지 생각해 보십시오.

하나님을 깊이 사랑하면서 때로는 넘어져도 최후 승리를 믿으며, 또한 예수님의 인도하심을 바라며 믿음의 길을 걸어가는 우리 엄마, 참회의 눈물을 흘리며 가족들을 사랑하게 해 달라고 비는 우리 아빠의 기도를 보며 아이들은 자라는 것입니다. 이것이 부모가 해야 할 가장 중요한 사명입니다. 이것을 하지 않는 것은 자기 자식에게 폭력을 가해서 아이를 못된 인간으로 만드는 것과 다름없습니다.

회심의 화로, 가정

옛날에 시골에는 난방이 신통치 않았습니다. 그래서 저녁이면 아궁이에 불을 지펴서 소죽도 끓이고 밥도 하고 국도 끓이고 마지막에 숭늉까지 끓여 낸 다음에 어머니가 화로를 가지고 와서 불씨를 담고, 담은 다음에는 삽을 아궁이 속에 깊이 넣어서 고운 재를 퍼내 불꽃 위에 덮었습니다. 그것을 윗목 위에다 놓으면 거기 앉아서 저녁 내내 도란거리며 이야기도 하고 감자도 구워 먹다가 잠이 들곤 하였습니다.

이른 새벽 엄동설한에 아궁이는 불을 지펴도 불이 붙지 않을 정도로 냉기가 가득하고 온돌 윗목도 냉골이 되어가는데 신기하게도 그 화로는 아침까지 불씨를 간직하고 있었습니다.

화로가 그토록 오래 따뜻함을 유지할 수 있었던 이유는 불씨를 재로 잘 덮어 주었기 때문입니다. 아궁이에서 활활 타다 나온 시뻘건 불씨라고 할지라도 빈 화로에 담아서 얼음이 버석버석 어는 밤중 그 한데에 내어 놓는다면 아마 십 분이 못 가서 차가운 숯덩이로 변하고 말았을 것입니다.

회심을 보존하는 가정

부모가 하나님께로 돌아가 부모로서의 본분을 제대로 행할 때, 그 가정은 마치 아이들의 회심을 잘 간직하게 하는 화로와 같습니다.

남편과 아내가 서로를 깊이 사랑하고 부족하지만 없는 살림 속에서도 서로를 위하고 우애하며 살아가는 모습을 아이들에게 보여주어야 합니다. 그리고 무엇보다 엄마, 아빠의 삶의 구심점이 예수님이라는 사실을 보여주는 것이 바로 아이의 회심의 불씨를 따뜻하게 덮어 주는 '재' 입니다. 그 안에서 자녀들의 회심은 오래도록 보존됩니다.

오늘 아이가 뜨겁게 주님을 만나고 회개했다 하더라도 부모가 사네 못 사네 삿대질을 하면서 싸워서 집안이 얼음장 같은 냉기로 가득하다면 아이들 마음속의 은혜의 불씨는 하루가 못 가 금세 꺼지고 말 것입니다. 회심의 불씨가 식어진 아이의 마음은 뜨겁게 달았다 식어 더욱 단단해진 쇠처럼 회심하기 전보다 더욱 강퍅해지고 말 것입니다.

그래서 여러분의 자녀들이 이미 회심에 이르렀다고 해서 자만해서는 안 됩니다. 왜냐하면 회심에 이르렀지만 회심의 은혜를 보존하지 못하고 살아가는 삶의 고달픔이란 회심하지 못한 채 살아가는 인생의 고달픔에 비할 수 없기 때문입니다. 이미 하늘의 은혜, 그 큰 거룩한 축복을 맛보았기 때문에 이 세상의 그 무엇으로도 채워지지 않는 마음의 곤고함으로 진통하게 될 것입니다.

나도 한때는

한참 전의 이야기입니다. 교회에 새로 온 형제가 자신이 교회에 오게 된 사연을 이야기해 주었습니다.

그 형제는 인생 사는 것이 하도 고달파서 중이 되려고 머리를 빡빡 깎고 절에 들어갔다고 합니다. 하루는 읍내 서점에 다녀오라는 주지 스님의 심부름을 받고 서점에 들르게 되었습니다.

그런데 그곳에서 제 설교 테이프를 만나게 되었습니다. 청년은 그것이 무엇인가 하고 궁금한 마음에 하나를 사서 절로 돌아왔습니다. 당시 그 형제가 손에 쥔 테이프는 『불붙는 하나님의 사랑을 알자』라는 호세아서 설교였습니다.

형제는 사 온 테이프를 절에서 몰래 듣기 시작했습니다. 그러다 덜컥 회심하게 된 것입니다.

그 소식을 알게 된 주지 스님이 그를 불렀습니다. 왜 그랬냐는 스님의 물음에 그는 이렇게 답했습니다. "저는 불교가 길인지 알고 들어와서 여러 달 있으면서 착실하게 살았습니다. 사람들 마음에 들어 옷을 맞춰 주신다는 분들도 계시고……. 그런데 이 테이프를 들으면서 제가 하나님을 만난 것 같은데 아무래도 이 길이 제 길이 아닌 것 같습니다. 교회로 가야 할 것 같습니다."

그러자 주지 스님은 이렇게 답변했습니다. "그래 가거라! 나도 한때는 주일학교 선생이었다."

참 웃기는 얘기지만 한편으론 마음 아픈 이야기이기도 합니다. 주일학교 선생님으로 어린 영혼들을 돌보던 그 사람은 어쩌다 주지 스님이 된 것일까요?

그런데 이런 일들은 얼마든지 가능합니다. 그래서 "내가 이미 얻었다 함도 아니요 온전히 이루었다 함도 아니라"는 사도 바울의 고백을 우리는 기억해야 합니다(빌 3:12). 참 회심에 이르지 못한 아이들의 영혼이, 또한 회심의 은혜를 보존하지 못한 아이들의 영혼이 언제든지 세상으로 향할 수 있다는 경각심을 우리는 가져야 합니다.

그러므로 온 마음으로 권합니다. 자녀를 위해서라도 하나님을 잘 믿는 신실한 신자의 길을 가야 합니다. 우리는 아이에게 영원히 필요한 그 무엇을 줄 수 있는 부모, 그런 가정이 되어야 합니다.

영적인 유산을 우리 아이들에게

마지막 때가 될수록 세상은 무정한 세상이 되어 자식은 아비를 막보고 부모는 자식을 귀히 여기지 않는 시대가 옵니다. 사람들은 이제 자신의 행복과 고통 이외에는 다른 것은 안중에도 없습니다. 자신의 행복을 위해 자녀를 버린 비정한 부모들의 이야기는 세간에서 쉽게 접할 수 있습니다.

그러나 그렇게 살아서는 자신도 결코 행복해질 수 없다는 사실을 기억해야 합니다. 인생의 행복이란 다른 사람과 함께 만들어 가는 것입니다. 바로 관계 속에 그 행복이 있는 것입니다.

부모인 여러분, 자녀들이 살아가게 하고 싶은 풍성한 삶이 무엇입니까? 그 삶을 여러분이 먼저 살아가고 있어야 합니다.

진리와 성령의 은혜 안에서 날마다 하나님과의 교제를 누리며 그 진리를 지식으로 삼고 양식으로 삼아 강건하게 살아가는 여러분의 영적인 삶, 주님 안에서의 안정된 삶, 진리 안으로 몰입되어 가는 여러분의 이 복된 삶을 자녀들이 보게 해주십시오.

그 아이들이 날마다 하나님께서 정말 살아 계시다는 것, 하나님께서는 우리의 기도를 들어주시고 그분의 은혜를 아버지 앞에 구할 때마다 은총을 베풀어 주신다는 것을 경험하면서 자라게 만들어 주십시오. 그럴 때 아이들의 마음은 육체의 부모인 우리와 또 영혼의 부모이신 하나님께로 돌아갈 것입니다.

저는 정말 그런 가정을 꿈꿉니다. 부모의 마음이 자녀에게로 자녀의 마음이 부모에게로 돌아가 자식과 부모 간에 성도의 교제와 교통이 있는 가정, 그래서 서로의 결점을 발견할 때 기도 속에서 아이들은 부모를 용서하고 부모는 자녀를 감싸 주는 그런 가정 말입니다.

이 일을 위해 먼저는 여러분이 회심의 은혜를 날마다 보존하여 예수 그리스도의 십자가의 그 생생한 은혜 속에서 살아가야 합니다. 그리고 아이들의 회심의 불씨를 따뜻하게 감싸 줄 수 있는 화로와 같은 가정이 되어야 합니다.

사랑하는 여러분, 그렇게 여러분의 자녀들이 모든 하늘의 복, 모든 계시의 복, 모든 사랑의 복을 누리게 해주는 것이 부모인 우리의 마땅한 도리임을 잊지 맙시다. 그 도리를 다한다면 여러분이 비록 자녀에게 이 세상에서 높은 지위, 많은 재물을 가진 사람이 되도록 물질적인 유산을 물려주지 못했어도 여러분은 그와 비할 수 없는 귀한 일을 아이들에게 해준 것입니다.

그런 삶이 아이들에게 주는 영적인 유산이 되어 우리 아이들의 영혼은 참으로 비옥해질 것입니다. 또한 여러분의 인생을 모두 접고 난 후에 하늘에서 여러분을 향한 하나님의 상은 참으로 클 것입니다.

하나님께서 부모와 아이의 영혼을 닮은꼴로 지으신 이유가 한 가지 더 있습니다. 그것은 바로 그 닮은 통로를 통해 아이를 위해 기도하기에 적합하도록 지으신 것입니다.

기도하면서 곰곰이 생각해 보십시오. 여러분의 마음은 지금 아이들에게로 돌아가고 있습니까? 여러분의 가정은 아이의 회심을 보존해 줄 수 있는 가정입니까? 아이의 영혼을 위해 진지하게 고민하며 기도해야 합니다.

7장

회심을 기뻐하시는 하나님

 너는 그들에게 말하라 주 여호와의 말씀이니라 나의 삶을 두고 맹세하노니 나는 악인이 죽는 것을 기뻐하지 아니하고 악인이 그의 길에서 돌이켜 떠나 사는 것을 기뻐하노라 이스라엘 족속아 돌이키고 돌이키라 너희 악한 길에서 떠나라 어찌 죽고자 하느냐 하셨다 하라 겔 33:11

평화롭던 놀이터가 갑자기 시끄러워졌습니다. 사이좋게 놀던 두 아이 중 한 아이가 다른 아이의 장난감을 망가트린 것입니다. 장난감의 주인인 아이는 물어내라며 소리를 지릅니다. 그때 장난감을 망가트린 아이가 알겠다고 내일 새 것을 사다 주겠다고 "약속!"이라며 손가락을 내밉니다.

새끼손가락을 걸고 약속까지 했지만 자신이 아끼던 장난감이 고장난 아이는 아직도 못 미더운지 "내일 꼭 새 것 사다 준다고 맹세해!"라며 맹세를 요구합니다. 그러자 상대편의 아이가 "좋아, 우리 아빠 이름을 걸고 맹세할게!"라고 맹세를 하자 놀이터에는 다시 평화가 찾아왔습니다.

맹세는 일정한 약속이나 목표를 꼭 실천하겠다고 다짐하는 것입니다. 맹세를 하는 당사자는 자신의 변할 가능성을 의심하고 염려하는 상대방을 위해서 자신이 가지고 있는 아주 귀한 것, 아니면 자기보다 훨씬 높은 사람이나 그 사람의 명예를 걸고 맹세를 하게 됩니다.

최고의 맹세

본문 말씀에는 이스라엘 백성을 향해서 맹세하시는 하나님께서 등장하십니다. "너는 그들에게 말하라 주 여호와의 말씀이니라 나의 삶을 두고 맹세하노니 나는 악인이 죽는 것을 기뻐하지 아니하고 악인이 그의 길에서 돌이켜 떠나 사는 것을 기뻐하노라 이스라엘 족속아 돌이키고 돌이키라 너희 악한 길에서 떠나라 어찌 죽고자 하느냐 하셨다 하라"(겔 33:11).

하나님께서는 불변하실 뿐 아니라 세상 그 무엇보다 가장 높고 위대하신 분이십니다. 그런 분이 그분보다 높은 것을 거실 수 있을까요? 절대 그러실 수 없습니다. 그래서 하나님께서는 당신 자신을 걸어서 맹세를 하십니다. 이것이 그분께는 최고의 맹세입니다.

하나님께서 당신의 삶을 두고 맹세하셨습니다. 그분의 생명을 걸어 맹세하고 계신 것입니다. 이것은 곧 '내가 이 약속을 어길 시에는 나의 생명을 잃어도 좋다!' 라는 의미입니다.

사실 하나님께 이런 표현을 쓴다는 것 자체가 언어도단입니다. 영원하시고 모든 생명의 근원이 되신 하나님께 이 얼마나 말도 안 되는 말입니까? 그럼에도 불구하고 하나님께서 이렇게 말씀하고 계신 이유는 다름 아닌 당신의 말씀을 듣고 있는 백성들 때문이었습니다. 하나님께서는 지금 당신의 백성들이 알아들을 수 있는 수준으로 내려오고 또 내려오셔서 말씀하고 계십니다.

삶을 건 맹세의 이유

하나님께서 그렇게까지 말씀하신 이유는 그 내용이 참으로 중요해서 백성들이 반드시 듣고 이해하기를 바라셨기 때문일 것입니다. 그토록 중요한 맹세의 내용은 바로 이것이었습니다. '나는 악인이 죽는 것을 기뻐하지 않는다.'

당시 이스라엘 백성들은 율법의 시대를 살면서 하나님께서 당신의 백성들이 그릇되게 살 때 준엄하게 심판하시는 광경을 많이 보았습니다. 그래서 백성들은 하나님께서는 악한 사람들을 징벌하기 좋아하시는 분이라는 편견을 가지고 있었습니다. 그런 생각을 뿌리 뽑기 위해 하나님께서 당신의 생명을 걸고 맹세하신 것입니다.

그렇다면 하나님께서 악인들을 멸망시키시는 진짜 이유는 무엇일까요? 그 일이 기뻐서 행하신 것이 결코 아닙니다. 오히려 구원받을 사람들에게 구원을 재촉하시고 경건한 백성들의 신앙을 촉진하시기 위함이었습니다. 책망하시고 징벌하시지만 그 책망과 징벌의 목적은 하나님 앞에 새롭게 하셔서 하나님께로 돌아오게 하시려는 것이었습니다.

낙심하지 않을 이유

우리는 이 말씀을 보면서 위로를 발견합니다. 하나님께서 악인이 멸망하는 것을 기뻐하지 아니하시고 돌이키는 것을 기뻐하신다면 지금은 주님을 멀리 떠나 주님의 마음에 날마다 못을 박으며 악에 물들어 살아가는 우리 자녀들이라 할지라도, 주님께서는 그들이 멸망하는 것이 아닌 돌이키는 것을 기뻐하실 것이기 때문입니다. 이 사실이 얼마나 큰 위로인지 자녀의 회심을 위해 오랜 시간 기도해 온 부모들은 알 것입니다.

오랜 시간 기도해 왔지만 자녀의 회심의 시기가 늦춰지면서 여러분은 혹시나 여러분의 자녀들에 대해서 낙심하고 있지는 않습니까? 낙심도 종류가 여러 가지지만 아이가 공부를 못해서 겪는 낙심보다는 특별히 영혼의 문제로 인해 겪는 낙심은 그 정도가 더합니다. 아이들을 위해 기도해 본 부모들은 그것이 얼마나 마음 아프고 힘든 것인지 알 것입니다. 그래서 그런 부모들에게는 이 말씀이 위로가 될 것입니다. 주님께서 회심을 기뻐하신다는 사실 말입니다. 여러분이 포기하지 않고 기도한다면, 그것이 주님께 기쁨인 이상 아이는 반드시 돌아올 것입니다.

그래서 앞이 막막하고 하나님께서 우리 아이에게만은 일하시지 않는 것 같은 두려움이 몰려올 때, 우리는 주님께서 당신의 생명을 걸어 맹세하시면서까지 말씀하신 그 말씀을 기억해야 합니다. 하나님께서는 악인이 죽는 것을 기뻐하지 않으시고 그 길에서 돌이켜 떠나 사는 것, 곧 회심하는 것을 기뻐하신다는 사실을 말입니다.

어린이 회심집회

제가 섬기는 교회에서는 1년에 한 번씩 아이들을 위한 어린이 회심집회를 열고 있습니다. 부모들과 교회학교 교역자, 선생님들뿐 아니라 온 교회가 함께 기도하며 그 시간을 기다립니다.

이 집회를 통해서 하나님의 큰 은혜 속에 많은 아이들이 회심하는 귀한 역사가 일어났습니다. 저는 아이들이 변화되는 것을 보면서 우리가 이 일에 마음을 쏟을 때 하나님께서 정말 기뻐하시고 일하시는 것들을 많이 경험하였습니다. 그리고 저는 희망을 보았습니다. '나에게 있는 힘을 온전히 쏟아 부어 말씀으로 아이들을 잘 기르면 20년 후 이 아이들에 의해 이끌어질 교회의 모습은 우리 때보다 훨씬 더 낫겠구나!' 하고 말입니다. 이것이 그 아이들에게 해줄 수 있는 최고의 투자입니다.

그래서 저는 부교역자들에게 늘 당부하곤 합니다. "제발 세속적인 방법으로 아이들을 가르치지 말자. 많은 상품, 먹을 것, 놀이기구 등으로 아이들을 불러 모으지 말고 아이들의 마음속에 예수님께서 주시는 그 비교할 수 없는 기쁨과 행복을 누리게 하자."라고 말입니다.

그리고 회심집회가 끝나고 나면 아이들의 간증이 제 마음을 벅차게 합니다. 어떤 아이가 이렇게 이야기합니다. "하나님을 사랑하지 않고 게임에 빠지고 컴퓨터를 좋아했던 것을 회개했어요." 또 어떤 아이들은 이렇게 이야기합니다. "하나님이 아닌 저를 사랑했던 것을 회개했어요." "아빠, 엄마 말씀 안 듣고 거짓말했던 것을 회개했어요."

놀랍지 않습니까? 하나님 안에 있는 아름다움을 발견하자 아이의 관심을 빼앗던 모든 것이 시시해지고 만 것입니다. 주님을 만나고 은혜를 받지 않았더라면 아무리 닦달을 해도 억지로 떼어 놓을 수 없던 것들이었지만 회심으로 아이들 안에 회복된 예수님께서 주시는 기쁨과 행복은 아이들의 삶을 바꾸어 놓았습니다. 또한 부모가 감시하고 회초리를 들어도 고칠 수 없던 것들을 아이들 스스로 회개하게 되었습니다.

빠르면 빠를수록

그런데 회심집회를 하면서 생각하게 된 것이 하나 더 있습니다. 아이들의 회심이 빠르면 빠를수록 좋다는 것입니다.

『2010년 청소년 성문화 의식조사』에 따르면 중고생 7.3%가 성관계 경험이 있다고 합니다. 79%는 인터넷 음란물에 접촉했고 청소년 임산부는 매년 1만 5천여 명씩 늘어나고 있다고 합니다. 술을 마시고 담배를 피우는 것은 기본입니다. 이제 막 초등학교를 졸업한 아이들이 동거를 한다는 얘기까지 들려오고 있습니다. 성범죄, 성매매도 더 이상 어른들만의 이야기가 아닙니다. 그런 범죄에 관련되는 나이가 점점 어려지고 있습니다.

그러니 더더욱 회심의 문제를 늦출 수 없습니다.

요즘 대학의 문화가 얼마나 아이들을 미혹시키기 쉬운지 보십시오. 아이들에게 미팅이나 엠티는 새로운 세상입니다. 그러면서 아이들의 방황은 시작됩니다. 초등학교 1학년이 타락하는 것과 대학교 1학년이 타락하는 것은 같은 1학년이지만 그 수준은 완전히 다릅니다. 아이들이 세상을 많이 알고 난 후에는 타락의 정도가 심각해지는 것입니다.

어린 시절에 주님을 만나 깊이 회심하고 하나님의 도를 떠나지 않았던 아이들은 은혜가 떨어져도 삶이 쉽게 방탕으로 흐르지 않습니다. 나이가 들어서도 마찬가지입니다.

그러나 회심이 늦어져 세상의 맛을 다 보고 주님께 돌아온 아이들은 은혜가 떨어지면 십중팔구 그 악으로 돌아갑니다. 은혜에서 멀어지고 타락하면 세상을 많이 아는 것이 독이 되는 것입니다.

그래서 부모들은 '우리 아이도 언젠가는 주님을 만날 거야.', '때가 되면 주님께서 하시겠지.' 라고 마음을 놓고 있어서는 안 됩니다. 아이들의 회심은 때가 되면 알아서 이뤄지는 문제가 아닙니다. 또한 어른들의 회심보다 덜 중요한 문제도 아닙니다. 교회의 명운이 달린 너무나도 중요한 문제입니다.

태어나면서부터 마음으로 하나님과 원수 맺은 인간의 상태는 어렸을 때 가장 쉽게 풀어지고 시간이 흐를수록 굳어져서 웬만한 힘으로는 움직일 수 없는 바위처럼 굳어지고 맙니다. 이는 작은 묘목은 손으로 잡아채면 뿌리째 뽑히지만 15-20년씩 자란 나무는 여러 명의 장정이 매달려 잡아당겨도 흔들리지 않는 것과 같습니다.

아이가 유치원생이고 초등학교 저학년일 때는 아이를 위해서 간절히 기도하고 꼭 끌어안고 사랑해 주면서 무르팍에 놓고 예수님의 사랑에 대해서 이야기만 해주어도 아이들의 마음이 부드러워져서 성령께서 일하시기에 좋은 마음이 됩니다. 물론 부드럽게 하시는 것 또한 성령님의 일하심입니다. 그런 일하심 속에 아이들이 눈물을 펑펑 흘리며 자신의 죄와 복음을 진술하는 것을 보면 깜짝 놀랄 정도입니다.

그런데 그런 아이들을 그냥 방치한 채로 중학교, 고등학교에 올라가면 수많은 사람들이 기도해 주고 눈물을 흘리고 심방을 해도 시간이 오래 걸리는 아이들이 대다수인 것입니다.

사춘기를 보내면서 예민해진 아이들은 부모를 대하는 것이 예전 같지 않습니다. 또한 웬만해서는 부모에게 마음을 잘 열지 않습니다. 하지만 그런 아이들의 마음은 깊은 곤고함 속에서 고통스러워하고 있습니다. 학교를 가도 대화가 통하지 않고, 집에 와도 대화가 통하지 않고, 게다가 집에 들어왔는데 엄마 아빠는 영적 전투는 안 하고 서로 육적 전투나 하고 있다면 아이들은 정말 마음 둘 곳이 없을 것입니다.

그런데 그렇게 싸우던 엄마 아빠가 주일이면 교회에 가자고 깨우고 억지로 끌고 간다면, 아이들 눈에 부모가 말하는 신앙이라는 것은 모두 헛된 쇼로 보일 것입니다.

그러므로 우리가 '언젠가는 주님을 만나겠지.', '주님께서 알아서 하실 거야.' 라고 마음을 놓고 있는 사이 우리 아이들의 마음은 더욱 강퍅해져 가고 있을 것입니다. 중고등부 사역자들의 이야기를 들어 보면 수련회를 가든 집회를 하든 예전에 회심했던 아이들이 다시 이전에 받은 은혜를 새롭게 경험하는 경우가 많지 그 나이에 처음으로 회심하는 아이들은 아주 드물다고 합니다. 여러분 자신을 생각해 보십시오. 우리도 복음을 듣고 단번에 돌아오지는 않았습니다.

회심에 이르게 될 때까지

저는 영혼을 책임지고 있는 목자로서 제가 목양하는 교회의 자녀들이 모두 회심에 이르게 될 때까지 노력을 그치지 않을 것입니다. 사랑하는 동역자들과 어린아이들의 영혼을 책임진 선생님들과 함께 그 영혼을 우리의 영혼처럼 여기며 아이들이 진실한 회심에 이를 때까지 우리의 이 싸움을 멈추지 않을 것입니다.

여러분이 다니고 있는 교회의 목회자들 또한 마찬가지일 것입니다. 그러나 그들에게만 맡겨서는 안 됩니다. 자녀의 영혼이 회심에 이르지 못했을 때 가장 중차대한 책임을 지게 될 사람은 부모인 여러분 자신입니다.

제가 전도사 때 한동안 가슴에 깊은 상처가 되었던 일이 있었습니다.

한 아이의 회심이 늦어지고 있었습니다. 아이의 부모가 와서 신경질을 냈습니다. "아이를 맡겨 주었으면 신앙이 생기게 해야지 목회를 그 따위로 합니까?" 말은 그렇게 험하게 하지 않았지만 요지는 그것이었습니다.

무지한 부모입니다. 그 사람을 다시 만난다면 말해 주고 싶습니다. "부모인 당신 때문입니다."라고 말입니다. 정말 자기 자식의 영혼을 끌어안고 가슴에 형벌을 받은 것처럼 기도하는 사람들은 자기 자식이 회심하지 않은 것을 누구의 탓으로 돌리지 않습니다.

아이들이 완악해서 혹은 목회자가 무엇을 하지 않아서 회심을 안 하는 것이라고 탓을 돌리기 전에 부모인 여러분이 먼저 아이를 사랑해야 합니다. 그리고 회심할 때까지 간절한 마음으로 기도하며 기다려야 합니다. 목회자가 회심하지 않은 교인을 기다리듯이 기다려야 합니다.

아이의 회심이 늦어져서 절망스러울 때마다 '하나님이 기뻐하시는 것은 악인이 멸망하는 것이 아니라 돌이키는 것이다.' 라는 사실을 기억하십시오. 그 믿음으로 간절하되 낙심하지는 않는 마음으로 하나님 앞에 매달려야 합니다.

마지막 벼랑

회심집회를 앞두고 함께 섬기는 교역자들에게 이런 이야기를 했습니다. 고등부 담당 교역자에게는 "자네는 고3이 마지막 벼랑이라고 생각하고 회심하지 않으려면 나를 벼랑에서 밀어 버리고 가라는 각오로 임해야 하네."라고 했습니다.

중등부 담당 교역자에게는 "자네는 중3이 마지막 벼랑이라고 생각하고 팔을 벌리고 서서 나를 밀어 바다에 집어넣지 않는 한 너희들은 회심하지 않고 고등부에 올라갈 수 없다는 각오로 돌진하게."라고 했습니다.

동일하게 유초등부 교역자들에게도 권면했습니다. "자네는 6학년에 서서, 자네는 3학년에 서서, 자네는 2학년에 서서, 그리고 자네는 유치부에 서서 그렇게 하게."

자신이 맡은 아이들이 처한 그곳이 마지막 벼랑이라고 생각하고 모두가 섬긴다면 그 몇 겹의 그물 중 하나에는 걸리지 않겠는가라고 생각한 것입니다.

그렇게 아이들이 모두 회심을 하고 고3이 되어 졸업할 쯤에는 대학의 합격 유무와 상관없이 신자로서의 기반이 잡히고 교리적인 기반이 잡혀서 성도의 맛이 난다면 얼마나 좋을까요? 그러면 아이들은 그들을 혼란스럽게 하는 세상 속에서 흔들리지 않을 것입니다.

여러분은 어떤 벼랑에 서겠습니까? 부모에게는 모든 순간이 마지막 벼랑과 같아야 할 것입니다. 그러나 이것은 절실함을 가지라는 것이지, 아이가 고3이 되었는데도 회심하지 않았음을 절망하라는 의미가 결코 아닙니다.

어느 집사님의 아이는 초등학교 때 이미 회심하고 신앙으로 자라 가는데 우리 아이는 날이 갈수록 강퍅해져만 간다고 속상해 하지 마십시오. 너무 늦은 것 같다고 낙심하지 마십시오. 그렇게 실망할 여력이 있다면 그 힘으로 더 간절히 하나님께 매달리십시오. 하나님은 결코 포기하지 않으시며, 복음은 결코 실패하지 않습니다.

회심을 기뻐하시는 하나님

하나님 앞에서 미루지 말아야 할 일, 바로 자녀 회심입니다. 그러나 자녀의 회심이 속히 이뤄져야 한다는 사실이 여러분의 마음을 오히려 낙심시키고 있다면 다시금 하나님께서 맹세하시며 말씀해 주신 그 말씀을 기억하십시오. 하나님은 악인이 돌이키는 것을 기뻐하십니다.

우리의 죄 된 본성은 우리에게 악을 행한 사람이 자기 꾀에 빠져 곤경에 처하거나 또 다른 악으로 어려움에 처하길 바랍니다. 그러나 하나님께서는 당신을 떠나 당신의 영광에 먹칠을 하고 온 세상을 악으로 더럽힌 사람이라 할지라도 그 악에서 돌이켜 당신께로 돌아오기를 기뻐하시고 기다리십니다.

그래서 주님께서는 재촉하십니다. "돌이키고 돌이키라 너희 악한 길에서 떠나라 어찌 죽고자 하느냐" 하시며 거듭거듭 말씀하십니다.

주님의 애타는 심정이 들리십니까? 당신의 자녀들이 주님께로 속히 돌아오라고 부르시는 그분의 피어린 외침이 들리십니까?

주님의 마음을 포기하지 말고 자녀들에게 전달해 주십시오. 여러분의 피붙이, 여러분의 아이에게 변함없는 사랑 속에서 아이의 손을 꼭 잡고 "○○아, 엄마 아빠의 간절한 소원은 네가 하나님께로 돌아가는 거란다."라고 말해 준다면, 눈물이 맺힌 진실한 한마디는 열 대의 매보다 더 위대한 힘이 있을 것입니다.

혹시 여러분에게 자녀가 없다면 교회의 아이들을 위해서 기도해 주십시오. 주님께서 기뻐하시는 이 일, 아이들이 회심에 이르러 참된 신자가 되는 것은 교회 공동체 모두에게 하나님께서 주신 사명입니다.

8장

자기를 찾는 자에게 은혜를 베푸시는 하나님

그때에 내가 아하와 강가에서 금식을 선포하고 우리 하나님 앞에서 스스로 겸비하여 우리와 우리 어린아이와 모든 소유를 위하여 평탄한 길을 그에게 간구하였으니 이는 우리가 전에 왕에게 아뢰기를 우리 하나님의 손은 자기를 찾는 모든 자에게 선을 베푸시고 자기를 배반하는 모든 자에게는 권능과 진노를 내리신다 하였으므로 길에서 적군을 막고 우리를 도울 보병과 마병을 왕에게 구하기를 부끄러워 하였음이라 스 8:21-22

길고 긴 포로생활 70년이 기적같이 막을 내렸습니다. 얼마나 기다렸던 시간일까요? 지금 백성들은 70년 전 떠나온 고향 땅을 향해 꿈만 같은 발걸음을 떼고 있습니다. 그런데 꿈에 그리던 귀환이었지만 현실은 달랐습니다.

70년이면 20년씩 쳐도 3대를 지나 4대가 흘러갔을 시간입니다. 백성들이 포로로 잡혀간 사이 그 땅을 자기 땅처럼 차지하고 살던 사람들이 이스라엘 백성들을 반길 리가 없었습니다. 물론 당시 아닥사스다 왕은 백성들에게 길을 열어 주고 궁중 창고까지 열어 하나님께 드릴 은금과 예물을 가지고 가도록 조서를 내려 주지만 법은 멀고 주먹은 가까운 법, 돌아가는 길은 그리 평탄치 않았습니다. 어쩌면 다시 전쟁을 해야 할지도 모를 상황이었습니다.

그러니 수많은 백성들을 데리고 귀환을 하고 있는 에스라의 마음에는 근심이 가득했습니다.

이런 상황 속에서 아하와 강까지 백성들을 이끌고 오던 에스라는 온 백성들을 모아 놓고 선포했습니다. 그래서 그들은 아하와 강가에서 세 가지 일을 하게 됩니다.

아하와 강가에서 한 일 1

첫 번째는 금식이었습니다. 강가는 이스라엘 백성들에게 깊은 사연이 있는 장소입니다. 꼭 아하와 강이 아니더라도 시편은 이스라엘 백성들이 포로로 고생할 때에 시온을 기억하며 바벨론 강변에서 자주 울었다고 기록하고 있습니다(시 137:1).

주석가들은 해석하기를 아마도 이스라엘 백성들이 이른 아침부터 밤까지 고단한 노역의 삶을 살고 저녁 때 쉼을 얻을 때에는 강가에 모여서 씻기도 하고 지는 저녁노을을 바라보면서 예루살렘을 그리워하였을 것이라고 합니다. 어쨌든 강가는 이스라엘 백성들에게 예루살렘을 그리워하며 주님 앞에 기도하기도 하고 향수의 눈물을 흘리기도 한 그런 장소였습니다.

아하와 강가에서 그들은 똑같은 상황을 맞이한 것입니다. 그래도 감사한 것은 전에는 언제 돌아갈지 모르는 고향이었지만 이제는 돌아가고 있는 중이었습니다. 그래서 한편으로는 말할 수 없이 감격스러웠지만 또 한편으로는 헤치고 갈 수많은 난관들로 인해 한없이 커다란 무게를 느꼈을 것입니다. 이때 에스라는 금식을 선포합니다.

우리도 우리의 인생길을 살아갈 때에 내 마음대로 잘되고 내 뜻대로 잘될 때도 있지만 때로는 이렇게 커다란 근심과 미래에 대한 불안 때문에 마음을 의지할 곳이 없게 되는 때가 있습니다. 불순종하여 하나님께서 원하시는 길로 가지 않기 때문에 그럴 때도 있지만 또 어떤 때는 하나님께서 가라고 하신 길이고 하나님께서 맡겨 주신 사명의 자리라고 할지라도 그 길이 그렇게 막막하게 느껴질 때가 있는 것입니다. 그때 우리들에게 필요한 것은 바로 이런 금식입니다.

하나님 한 분만을 향해

금식의 강력한 효력은 밥을 굶어 고통을 받고 그래서 하나님 앞에 측은한 마음을 불러일으키는 데 있는 것이 아닙니다. 그러한 사상은 고행사상입니다. 그것은 복음주의적인 생각이 아닙니다. 그래서 예수님께서도 "너는 금식할 때에 머리에 기름을 바르고 얼굴을 씻으라"(마 6:17)고 말씀하셨습니다.

당시에는 사람이 병이 들면 기름을 바르지 않았다고 합니다. 그러니 기름을 바른다는 것은 "내 육체가 단정하고 아무 문제없습니다."라고 하면서 자기의 금식하는 것을 사람들에게 감추기 위한 것이었습니다.

그렇게 하는 이유는 하나님 한 분만을 의식하기 위해서입니다. 금식의 위대한 능력은 고생이 아니라 집중에 있습니다. 하나님 한 분께 대한 집중, 이것을 금식이 도와주기 때문에 성경은 종종 우리에게 금식 기도를 권장하는 것입니다.

바벨론에서 떠나 왔으니 두렵다고 해서 다시 돌아갈 수도 없었고 펼쳐질 앞의 일들이 어떠할지 장담할 수 없었기에 전진할 수도 없는 상황이었습니다. 이때 에스라는 백성들과 함께 하나님께 집중하기로 마음먹었던 것입니다.

집중은 놀라운 힘이 있습니다. 마음을 집중하고 하나님의 말씀에 집중할 때에는 집중하지 않았을 때에 수없이 듣고도 깨닫지 못하던 말씀이 전혀 다른 의미를 가지고 다가옵니다. 뿐만 아니라 하나님께 집중된 마음에 중언부언하는 기도란 있을 수 없고 하나님 한 분께 집중하는 섬김 속에서 뒤로 물러나는 후퇴란 있을 수가 없습니다.

그래서 하나님께서는 모든 것이 우리의 뜻대로 되는 것 같지 않을 때, 난관에 부딪혀 미래에 대한 불안감과 두려움이 엄습할 때 우리로 하여금 당신께 집중하도록 부르십니다.

하나님을 향한 사랑의 마음은 의존의 감정이고 의존의 마음은 하나님을 향한 집중의 마음입니다. 집중하지 않는 사랑, 집중하지 않는 의존의 마음이라는 것은 없습니다. 그러므로 하나님 한 분만을 의지하며 살아간다는 것은 하나님 한 분께만 집중하기 때문에 다른 것은 아무래도 상관없다는 의미인 것입니다. 그것이 바로 신앙입니다.

아하와 강가에서 한 일 2

두 번째로 에스라는 모든 백성들과 함께 하나님 앞에 겸비하여 섰습니다. '겸비'란 하나님 앞에 자신의 가치를 추호도 내세우지 않고 오히려 자기의 비참함을 거룩하신 하나님 앞에서 깨달으며 하나님의 은혜에 목말라 하는 상태입니다. 그러므로 만약 하나님의 은혜에 대한 목마름이 없이 자기의 처지에 대해 비참하게만 느낀다면 그것은 패배한 감정이고 좌절된 정서이지 겸비의 정서가 아닙니다.

겸비의 정서와 비슷해 보이지만 확연히 다른 '절망'은 자신이 너무 비참하다는 사실을 깨닫고 그렇기 때문에 아무런 희망도 없다고 생각하고 하나님을 향해서도 마음의 문을 닫는 것입니다. 그래서 절망에 이른 사람은 자기 자신에게 집중하지만 자기 자신의 내면의 세계는 혼돈과 무질서의 연속입니다.

그렇게 빨려 들어가듯이 침몰하는 것이 절망의 감정이라면, 겸비의 감정은 자기가 얼마나 비참한지를 절실하게 깨닫고 좌절한다는 점에서는 절망의 감정과 유사하지만 그렇기 때문에 자기를 바라보지 않고 자신 밖에 계신 하나님의 도움을 갈망하는 것입니다.

위대한 기도는 위대한 마음에서 나옵니다. 기도에 있어서 위대한 마음이란 하나님 앞에 깨뜨려져 주님께만 희망을 두는 의존의 마음입니다. 하나님께서는 우리 한 사람, 한 사람이 당신을 전심으로 의지하며 살아갈 때 순종한다는 사실을 너무나 잘 아시기 때문에 우리에게 주님을 늘 의지하며 살도록 요구하십니다.

그러나 우리는 언제나 같은 정도로 주님을 의지하지 않습니다. 주님을 향한 사랑이 식을 때 주님을 향한 의존도 줄어듭니다. 그래서 하나님께서는 매우 특별한 섭리 가운데 때로는 고통을 통해서, 때로는 상실을 통해서, 때로는 갑작스러운 슬픔을 통해서 우리로 하여금 하나님 아닌 것들을 의지하며 살던 마음들을 버리게 하시고, 하나님 한 분 이외에는 의지할 이가 없다는 사실을 깨닫게 하셔서 그 하나님 한 분만을 의지하며 살도록 만들어 주십니다. 그러므로 하나님을 믿는 자녀들에게 있어서 고난과 역경은 하나님께서 말할 수 없이 놀라운 사랑과 은혜를 베푸시는 한 통로가 되는 것입니다.

솔로몬은 "내 사랑은 가시나무 가운데 백합화 같도다"(아 2:2)라고 자신의 사랑을 고백했습니다. 가시떨기나무 가까이에 있는 백합이 더 진한 향기를 내는 이유는 바람에 흔들리며 수시로 가시에 찔릴 때마다 외부의 위험으로부터 자신을 보호하기 위해 향기를 발하기 때문입니다. 이것이 바로 가시나무 가운데 있는 백합화에서 더욱 진한 향기가 나는 이유입니다.

하나님께서 우리에게 주실 수 있는 최고의 복은 시시때때로 우리가 하나님 앞에 마음이 낮아지는 것입니다. 하나님 앞에 온전히 낮아짐으로써 그 하나님 앞에 의존하는 마음을 가지고 살도록 하시기 위해 하나님께서는 당신이 사랑하는 사람들에게 끊임없이 가시를 보내십니다.

이때 우리는 이러한 고통이나 괴로움들이 하나님께서 우리를 미워하시기 때문에 괴롭히시는 고통이라고 생각해서는 안 됩니다. 우리가 더 많은 주님의 향기를 발하며 살도록 하기 위해서, 하나님의 오묘한 섭리 속에서 우리를 당신의 형상을 본받아 더 아름다운 사람으로 만들기 위해서 하나님께서 베풀어 주시는 겸비함의 기회라고 생각해야 합니다.

아하와 강가에서 한 일 3

세 번째로 에스라가 백성들과 함께한 것은 간구였습니다. 금식과 겸비함 이후 간구가 나옵니다. 획일적으로 말할 수는 없겠지만 금식이 하나님을 향한 지성의 집중을 불러일으키는 도구가 되었다면 겸비함은 하나님 앞에 마음으로 기울어지는 역할을 하였습니다. 그런 지성과 마음의 상태 이후에 드리는 간구는 드디어 하나님 앞에 구체적으로 도움을 구하며 자기의 소원을 토해 놓는 기도를 가리킵니다.

하나님께서 받으시는 마음은 깨뜨려진 마음이고 상한 심령입니다. 그 사람이 비록 죄를 지은 사람이라 할지라도 그러합니다. 하나님께서는 의롭게 산 사람들이 독립하여 사는 삶을 통해서는 영광을 받지 않으시지만 오히려 죄인이어도 당신을 의존하는 사람의 마음 안에서 영광을 받으십니다.

그런데 그 기도의 내용이 무엇이었습니까? 부자가 되게 해 달라는 기도였습니까? 아니었습니다. 큰 전쟁에서 이겨 많은 땅을 차지하게 해 달라는 기도였습니까? 아니었습니다. 그들은 자원하여 귀향길에 오른 사람들이었습니다. 예루살렘으로 돌아갈 때 포로로 끌려갔던 모든 이스라엘 백성들이 돌아간 것은 아닙니다. 하나님의 감동을 입은 사람들만이 포로 귀환에 나섰습니다.

그들이 돌아가려는 땅에는 이미 다른 사람들이 살고 있었습니다. 그들이 포로 귀환의 길에 오른 것은 본토로 돌아가 큰 땅을 차지하고 잘 살기 위해서가 아니라 예루살렘으로 돌아가 예배하기 위해서였습니다. 그들의 최대의 기도 제목은 자기와 자기의 자녀들이 평안히 하나님께서 주시는 예루살렘에 이르게 해 달라는 것이었습니다. 이것이 바로 그들이 하나님 앞에 간구하기 전에 마음이 겸비해지고 지성이 하나님을 집중했던 이유였습니다.

자신과 그리고 어린아이들을 위해

그들은 자신과 그리고 자신의 어린아이들을 위하여 하나님 앞에 금식하고 겸비해진 가운에 공동체 전체가 온 마음을 쏟아 부으며 뜻을 모아 기도하였습니다. 그 마음이 얼마나 간절했을까요? 아하와 강을 보며 바벨론 강가에서 눈물 흘렸던 수년의 고통스런 기억들이 주마등과 같이 지나갔을 것입니다. 그런 기억들을 떠올리며 그들은 자신들을 예루살렘으로 돌아가게 하시는 하나님의 놀라운 일하심에 다시 한번 감사의 찬양을 드렸을 것입니다.

그러나 거기서 그치지 않고 예루살렘 성전이 완성되기까지 그들을 수 없이 모략해 온 주변 이방 대적들의 공격과, 또 왕으로부터 얻은 주님께 드릴 예물을 노리는 도적 등등, 가는 길에서 만나게 될 수많은 어려움들에 대한 두려움으로 그들의 마음은 하나님 한 분만을 바라지 않을 수 없었습니다. 어려움이 닥쳐온다면 그것은 자신들에게만 임할 어려움이 아니었습니다. 지금 그들과 함께 동행하고 있는 자신들의 미래, 아이들에게도 닥칠 위험이었습니다.

두려운 현실 앞에서 이스라엘 백성들과 그들의 어린아이들의 생명은 결탁되어 있었습니다. 유다는 아비 야곱의 생명과 어린 아들 베냐민의 생명이 결탁되어 있다고 했습니다(창 44:30). 이 고백이 어찌 육체의 생명만을 의미하는 것일 수가 있겠습니까? 영혼의 생명도 이와 같습니다. 여러분의 자녀들의 생명은 부모인 여러분의 생명과 결탁되어 있습니다.

어두운 세대 가운데서

여러분, 우리를 기다리고 있는 우리의 현실, 우리 앞에 펼쳐진 시대는 어떻습니까? 다가오는 시대는 우리의 자녀들이 신앙을 지키며 살아가기에 더욱 힘든 시대가 될 것입니다.

주님으로부터 떠나 오히려 주님을 배척하는 시대의 정신들이 우리와 우리 아이들을 집어삼키려 하고 있습니다. 학교에서 배우는 진화론과 인본주의적인 사상들은 우리 아이들의 스펀지 같은 생각의 체계들을 전혀 성경적이지 않은 생각들로 굽게 합니다. 문화를 통해 쏟아져 나오는 포스

트모더니즘은 낯선 진리와는 거리가 먼 사람으로 아이들을 몰아갑니다.

사상적인 문제뿐 아니라 아이들이 살아가는 환경은 또한 어떻습니까? 왕따와 학교 폭력, 나아가 사회 안에서의 범죄들은 날이 갈수록 흉악해져 가고 있습니다. 이러한 두려운 현실 앞에서 과연 여러분은 무엇을 하렵니까? 여러분의 어린 자식들이 살아갈 이 어둡고 두려운 현실 속에 아이들이 아무런 준비 없이 그렇게 홀로 걸어가게 할 것입니까? 시시때때로 들려오는 사회의 어두운 소식들을 접하며 단지 두려워만 하고 있겠습니까?

이것을 생각해 보면 우리는 오히려 아하와 강가에 앉아서 금식하며 기도하던 이스라엘 백성들보다 더 간절해질 수밖에 없습니다. 이스라엘 백성들은 눈에 보이는 광야를 지나 예루살렘으로 가고 있었지만 우리의 자녀들은 물질적이고 물리적인 이 공간을 지나는 것이 아니라 시대를 지나고 영적인 고난의 땅을 건너서 영적인 예루살렘에 이르도록 부름을 받은 사람들입니다.

이 세상의 길을 걸어가는 데는 그저 우리의 눈과 튼튼한 다리, 확실한 교통수단이 있으면 될지 모르지만 영적인 순례의 길에서는 이런 것들이 별로 도움이 되지 않습니다. 그래서 넘어지지 않고 잘 걷는 사람들 중에는 영적으로 넘어진 사람들이 많고, 자신만만하게 뛰어가는 사람들 중에도 죽은 영혼으로 사는 사람들이 많습니다.

이 어둡고 험난한 영적인 순례의 길에서 우리가 우리의 힘으로 자녀들에게 해줄 수 있는 것은 대부분 본질적인 것이 아닌 것들이 많습니다. 시간상 영원의 가치를 가지지 않은 것들 말입니다. 그래서 우리의 자녀들에게 진짜 필요한 것은 유한한 우리의 힘으로는 줄 수 없는 것입니다. 오직 영원하시고 무한하신 하나님만이 주실 수 있는 것입니다.

우리 하나님의 손은

인생의 길에서 이스라엘 백성들과 같이 우리가 우리의 자녀들과 함께 강가에 있다고 생각해 보십시오. 뒤로 물러설 곳도, 피해 갈 곳도 없습니다.

거기서 이제 여러분 스스로 아하와 강가에서 에스라가 했던 것과 같이 여러분과 결탁된 아이들의 영혼을 위해, 이 세상을 살아가면서 하나님 아닌 다른 것을 의지하고 다른 것으로 만족했던 여러분의 영혼을 향해 주님 한 분만을 의지하고 그분께만 집중하도록 금식을 선포하십시오. 그리고 하나님 한 분 없이는 우리에게도 또 우리의 자녀들에게도 전혀 소망이 없음을 깨닫고 하나님의 도움만을 갈망하며 겸비하여 간구하십시오. 우리의 자녀들이 이 어두운 세상에서 신앙의 정절을 지키며 영적인 예루살렘에 평탄히 도착하도록 말입니다.

이렇게 간구하면서 우리에게 필요한 믿음이 있습니다. 그것은 바로 "우리 하나님의 손은 자기를 찾는 모든 자에게 선을 베푸시고 자기를 배반하는 모든 자에게는 권능과 진노를 내리신다"라는 믿음입니다(에 8:22). 어떤 위험과 어려움을 만날지 모르는 포로 귀환 길에서 에스라가 왕에게 청하여 보병과 기병을 받아 호위를 받으며 갔다면 왕이 내린 조서보다도 눈에 보기에는 더욱 강력한 안전을 보장받았을지 모릅니다. 그러나 에스라는 그 방법을 사용하지 않았습니다. 오히려 에스라는 그 방법을 부끄러워하였습니다.

에스라는 그들을 지금 인도하고 계신 분이 누구이시며 그들이 예배하러 돌아가는 그 길에서 진정으로 그들을 도우실 분이 누구이신지를 세상에 보여주기 원했습니다. 그래서 그는 오히려 왕에게 그렇게 구하는 것을 부끄러워하고 오직 하나님 한 분만을 전심으로 의지하며 이 포로 귀환의 길에 나설 것을 결심하였습니다.

세상 사람들이 보기에 주님 한 분만을 의지하는 것은 약하고 어리석어 보일 수 있습니다. 그를 붙들고 계신 주님의 모습이 보이지 않기 때문입니다. 그러나 하나님께서는 주님 한 분만을 전적으로 의지하는 신자의 마음에 충만히 오십니다. 그냥 되는 대로 자기 자신을 의지하며 살 때에는 자신과 상관없이 멀리 계신 것만 같았던 하나님께서 주님을 의지할 때에는 더욱 가까이 오시는 것입니다. 그래서 약한 자를 당신의 강한 팔로 붙드시고 강하게 하십니다.

그런 사람들은 자신의 인생에 이루어지는 모든 것이 나로 말미암아 된 것이 아니고 오직 주님의 은혜로 된 것이라는 사실을 깨달으며 아버지를 더욱 의지합니다. 그럴 때 그는 인생의 어떤 풍랑이 몰아쳐도 굳건히 이겨 낼 수 있는 것입니다. 뿐만 아니라 그렇게 어린아이와 같이 주님을 의지하는 그 마음을 가진 신자의 삶을 주님께서는 결코 홀로 두지 않으십니다.

저는 한때 『구원과 하나님의 계획』이라는 저의 책을 여러 번 정독하였습니다. 바쁜 일정으로 아침이면 온몸이 천근만근이지만 새벽 기도 후에 한 장씩, 조금 더 읽을 때는 두 장씩 읽고 나면 그렇게 가슴에 와 닿을 수가 없었습니다.

모든 교리가 그렇지만 구원의 교리를 올바로 깨닫게 되면 '우리는 아무것도 아니구나! 우리가 구원받은 것은 오직 하나님의 은혜로 된 것이구나! 구원받은 후에도 우리가 우리 된 것은 하나님의 은혜구나! 구원받아서 이 땅에 살고 있지만 이 성화의 길도 나 혼자서는 갈 수 있는 길이 아니기에 주님 한 분만을 의지할 수밖에 없구나!' 라는 것을 절실하게 깨달으며 주님을 깊이 의지하게 됩니다.

나는 아무것도 아닌 쓰레기 같은 인간인데 주님께서 나를 사랑하셔서 아들이 십자가에 못 박히신 그 고난을 근거로 오직 믿음으로 말미암아 그 은혜를 인하여 구원을 얻게 하셨다는 생각을 하게 될 때에 우리의 살아온 것도 주님의 은혜요, 구원받은 것도 하나님의 은혜요, 앞으로 우리의 구원이 완성되는 것도 주님의 은혜라는 생각을 하게 되는 것입니다.

자기를 찾는 자에게 은혜를 베푸시는 하나님

다음 세대에 이 세상은 훨씬 어두워질 것이고 복음을 따라서 사는 그리스도인들은 더욱 희소해질 것입니다. 그러나 칠흑 같은 어둠 속에서 작은 빛이 더욱 밝게 빛나듯 시대가 어두울수록 우리에게는 하나님께 영광을 돌릴 기회가 더 많이 있습니다. 그래서 우리는 온 마음을 다해 우리의 자녀들이 이 어두운 세상에서 주님을 의지하는 신앙으로 살아가도록 이들을 위해서 기도해야 합니다.

주님을 꽉 붙들고 의지하며 주님의 진리에 사로잡히고 그분의 손에 붙들려서 산다면 우리의 자손들은 어디서든지 어떤 모양으로 살아가든지 창조의 목적을 따라 살아갈 것이고 그들이 이 세상에 있음으로 인해서 이 세상은 사람들과 하나님께서 보시기에 더욱 아름다운 세상이 될 것입니다.

뿐만 아니라 그렇게 기도하는 가운데 에스라와 같이 하나님께서는 자기를 찾는 자에게 선을 베푸시는 하나님이시라는 사실을 믿음으로 기도하십시오. 에스라가 창칼과 마병의 보호를 의지한 것이 아닌 주님 한 분만을 의지하여 광야의 길을 걸어 약속의 땅으로 향했던 것처럼, 그렇게 다가올 세대에 우리와 우리의 어린 것들이 영적인 예루살렘에 이르기까지 주님의 보호를 받을 수 있게 해 달라고 때로는 울며, 때로는 금식하며 주님 앞에 겸비함으로 기도해야 합니다.

그렇게 하나님의 보호하심으로 약속의 땅에 이를 수 있도록 온 마음을 다해서 주님을 간절히 의지하는 가운데 자기를 찾는 자에게 베푸시는 주님의 선을 맛보는 여러분과 여러분의 자녀들이 되기를 진심으로 바랍니다.

9장

은혜의 말씀께 부탁하라

 지금 내가 여러분을 주와 및 그 은혜의 말씀에 부탁하노니 그 말씀이 여러분을 능히 든든히 세우사 거룩하게 하심을 입은 모든 자 가운데 기업이 있게 하시리라 행 20:32

우리는 종종 "주님께 붙들려 산다."는 말을 합니다. 그러나 그것이 정확히 무엇을 의미하는지 구체적으로 설명할 수 있는 사람은 그리 많지 않습니다. 하나님께서는 본질상 영이시므로, 손아귀로 움켜잡듯 물리적인 힘으로 우리를 붙잡고 계시다는 의미가 아니기 때문입니다.

사실 그렇게 붙들린 것은 일종의 속박과 같아서, 붙들린 존재에게 자유가 없습니다. 하나님께서 우리를 붙잡으시는 방법은 그러한 물리적인 강제력이 아닙니다. 힘은 힘인데, 우리를 속박하는 물리적 힘이 아닌 것입니다.

하나님의 붙드심은 우리의 의지를 사용해서 우리 스스로 하나님을 향하게 만들어 주시는 신비한 붙들림입니다. 그러므로 주님께 붙들린 상태를 우리의 의지로 기뻐하여야만 진정한 의미에서 그분께 붙들려 있는 삶이 되는 것입니다.

그러면 '주님께 붙들려 산다.' 는 말이 구체적으로 의미하는 바는 무엇일까요?

주님께 붙들린 삶

주님께 붙들려 산다는 것은 주님께서 하시고 싶으신 것이 내가 행하고 싶은 바가 되는, 주님과 나 사이의 일치를 의미합니다. 즉, 주님과 우리가 한 방향의 의지를 가지고 살아가는 것입니다.

의지가 이렇게 합치되기 위해서는 좋아하는 것도 같아야 하고, 무엇인가 원하는 것을 추구하는 성향도 같아야 합니다. 그러므로 주님께 붙들려 산다는 것은 주님께서 우리에게 가르쳐 주고 싶으신 것이 우리도 알고 싶은 바가 되고, 주님께서 우리에게 갖게 하시려는 사랑이 우리도 갖고 싶은 사랑이 되고, 주님께서 우리에게 기대하시는 삶이 우리의 마음에도 그렇게 살고 싶은 삶이 되는 것입니다.

내가 살지만 내가 사는 것이 아니라, 주님께서 나를 살게 하셔서 사는 삶인 것입니다. 이렇게 내가 살지만, 내가 아니라 주님께서 사시는 삶을 사는 것이 바로 주님께 붙들려 사는 삶입니다.

하나님께서는 우리가 당신과 일치한 삶을 살기를 원하십니다. 그리고 우리가 당신과 일치한 삶을 살 수 있도록 힘과 능력을 주십니다.

그러면 보이는 분도 아니고 물질도 아니신 그분이 어떻게 우리에게 당신과 일치한 삶을 살 수 있도록 힘을 주시고 능력을 주시는 것일까요? 어떻게 그렇게 하시는 것일까요?

하나님의 뜻 가운데 고난

사도행전 20장의 말씀은 언제 읽어도 제게 은혜가 됩니다. 그리고 참 눈물이 나는 장입니다.

사도 바울이 예루살렘으로 올라가려고 할 때, 하나님의 부르심이 있어 가는 길이지만 놀랍게도 성령님은 "내가 너와 동행하마, 큰 축복이 너를 기다리고 있다. 형통의 복을 더해 주마. 예루살렘에 올라가면 혁혁한 복음의 성과가 나타나고 너는 존경을 받을 것이고 교회는 그 이름이 높아질 것이다."라고 말씀하시지 않았습니다. 오히려 "환난과 결박이 너를 기다리고 있다."라고 증언해 주셨습니다(행 20:23).

어려움과 고난이 온다는 것은 그것이 하나님의 뜻이 아니라는 것을 보여주는 것은 아닙니다. 어떤 일은 전혀 하나님의 뜻이 아님에도 순풍에 돛을 단 것처럼 형통에 형통으로 가는가 하면 어떤 일은 분명 하나님의 뜻임에도 그것을 하나님께서 막으시는 것처럼 역경에 처하고 어려움에 빠지게 되는 경우도 있습니다.

전자의 대표적인 경우가 하나님의 명령에 불순종하고 니느웨로 가는 대신 다시스로 가는 배를 탔던 요나입니다. 그는 주님께 불순종했음에도 순풍에 돛을 단 것처럼 미끄러지듯 항해를 계속하였습니다. 그러나 그의 순항은 그리 오래가지 않았습니다. 그런가 하면 사도 바울은 결박과 환난이 그를 기다리고 있음을 알았음에도 불구하고 그 길을 가고자 하였습니다. 하나님의 분명한 뜻임에도 그렇게 고난을 받는 때가 있습니다.

그러므로 더 넓은 하나님의 섭리의 시각에서 보면 이 세상에서 성공하고 번영하느냐보다 더 중요한 것은 내가 때로는 고난을 당하고 환난을 당해도 혹은 때로는 형통하고 위로가 넘쳐도 그것까지도 양상에 불과하다는 것입니다. 그 양상보다 더 중요한 것은 '어디로 가고 있는가?' 입니다. 아무리 빠르게 달려도 방향이 잘못되었다면 그 길은 잘못된 길입니다.

하나님께서는 우리가 살아가면서 더 큰 섭리의 구도 속에서 고난과 시련, 형통과 위로조차도 '이것은 양상이다.' 라고 생각할 수 있는 너른 마음을 갖기를 바라십니다. 그런 마음을 가질 때, 우리는 사람에게 매이지 않고 하나님의 뜻에 붙들리는 섬김의 생활을 해 나갈 수 있습니다.

주와 및 그 은혜의 말씀에

사도 바울은 그런 마음으로 아시아에 들어와 3년 동안을 섬겼습니다. 그는 이렇게 말합니다. "그러므로 여러분이 일깨어 내가 삼 년이나 밤낮 쉬지 않고 눈물로 각 사람을 훈계하던 것을 기억하라"(행 20:31). 3년이라는 짧지 않은 기간 동안 그에게는 밤도 없고 낮도 없고 휴식의 시간도 없었습니다. 그리고 밤낮없이 각 사람에게 진리를 가르치던 그의 눈에는 눈물이 있었습니다.

때로는 닥치는 시련 때문에, 때로는 자기의 죄 때문에, 때로는 영혼에 대한 사랑 때문에, 때로는 할 일은 많지만 능력이 미치지 못하는 자기 부족을 깨달아 흘리는 눈물이었을 것입니다. 그는 수많은 사람들 앞에 반짝 나타나서 한 번의 말씀을 전하고 사라진 스타 부흥사가 아니었습니다. 눈물로 자신의 연약함을 끊임없이 주님께 맡기면서도 3년이나 쉬지 않고 누구를 만나든지 그들을 하나님의 교훈으로 훈계하고 그리스도 앞으로 인도한 목자였습니다.

3년의 눈물의 수고를 마치고 이제 길을 떠나려는 사도 바울 앞에는 순교의 길이 남아 있었습니다. 그들은 다시 보지 못할 헤어짐을 앞두고 있었습니다. 사도행전 21장에서는 사도 바울이 이미 순교를 결심했음을 볼 수 있습니다. "나는 주 예수의 이름을 위하여 결박당할 뿐 아니라 예루살렘에서 죽을 것도 각오하였노라 하니"(행 21:13).

마지막 순간, 모두가 크게 울며 바울의 목을 안고 입을 맞추었습니다. 사랑으로 돌본 양떼와의 헤어짐, 그들과 다시 만난다는 보장도 없는 길을 나선 사도 바울은 그 마음이 얼마나 찢어졌을까요? 또한 목회자와 헤어지는 교인들은 또 얼마나 마음이 불안하였을까요? 그때 사도는 그들에게 신앙의 원리를 가르쳐 주었습니다. "지금 내가 여러분을 주와 및 그 은혜의 말씀에 부탁하노니"(행 20:32).

사도가 유언과 같이 남긴 이 말은 마치 엄마가 어디 먼 길을 떠나며 자녀들을 친척집에 맡기는 듯한 표현입니다. 그런데 그 맡기는 대상이 조금 특별합니다. 바로 '주와 그분의 말씀' 이기 때문입니다. 한글 성경에서는 '주' 그리고 '그분의 말씀' 이라고 나타났는데, 원어상 이 둘 사이의 접속사는 동격을 나타내는 표현입니다. '주님 곧 그 은혜의 말씀께 내가 너희를 맡긴다.' 라는 의미로 해석해야 하는 것입니다.

순교의 각오로 길을 떠나는 바울은 너무나 사랑하는 에베소 교회와 자신의 양떼들을 남겨 두고 예루살렘으로 올라가면서 은혜의 말씀께 그들을 부탁하고 있습니다. 자신이 더 이상 목양할 수 없는 이 양떼들에게 은혜의 말씀이 끊임없이 영향을 미쳐서, 그들이 주님께 붙들려 살 수 있게 이끌어 달라고 의뢰한 것입니다.

보이지 않는 하나님의 손에 강하게 붙들려 산다는 것은 결국 주님의 말씀에 붙들린다는 것입니다. 우리로 하여금 주님께서 가르쳐 주고자 하시는 것을 알고 싶어하게 하고, 주님께서 사랑하길 원하시는 것을 사랑하게 하고, 주님께서 하시고 싶은 일을 하고 싶게 하는 마음을 품게 만들어 주는 것은 하나님의 말씀인 것입니다.

하나님의 말씀을 해석하고 거기에서 교리를 찾고, 그 말씀에 강력하게 붙들려 그 말씀의 효능 아래서 살아갈 때 그의 손에 들려진 것은 성경 한 권밖에 없지만, 하나님께서 그의 인생을 붙들고 계시기에 그렇게 붙들린 사람은 결코 불안하지 않습니다.

우리는 우리의 자녀들에 대해서도 바로 이런 믿음을 가져야 합니다. 언젠가 우리는 아이들을 떠나고 더 이상 돌볼 수 없는 날이 올 것입니다.

그렇지만 살아 계신 주님의 말씀이 그를 강하게 붙들고 계시다면, 그 붙든 강한 손으로 우리의 자녀들을 인도하고 지키셔서 하나님께 영광 돌리는 삶을 살게 하실 것입니다.

성령님의 교육

하나님의 말씀을 붙들고 살다 보면, 어느 순간 내가 말씀을 붙들고 있는 것이 아니라 말씀이 나를 붙들고 있다는 느낌을 받게 됩니다. 하나님의 말씀 앞에 참되게 서게 되면, 내가 말씀을 읽고 있는 것이 아니라 말씀이 나를 읽어 내려가며 나의 모습을 조명하고 있다는 것을 느끼게 되는 것입니다. 다시 말해 하나님의 말씀이 나의 모습을 정직하게 보게 만들어 주고 또 나의 모습을 제대로 깨닫게 만들어 주어 우리의 모습에 대해 회개하게 합니다.

이것이 바로 사도가 주와 및 그 은혜의 말씀께 에베소 교회의 교인들을 부탁하고 싶었던 이유입니다.

신앙생활은 군대생활이 아닙니다. 누가 감시하고 사사건건 간섭한다고 해서 잘하게 되는 것이 아닙니다. 그 사람이 주님을 진심으로 사랑할 때 충성스런 삶을 살게 되듯, 말씀에 순종하는 삶도 우리가 그 말씀에 깊은 감동을 받았을 때 나옵니다.

말씀의 주장을 받는 삶이란 결국 성령님의 주장을 받는 삶입니다. 성령님이 말씀을 사용하여 우리의 마음을 붙잡고 움직이실 때, 우리는 하나님의 마음과 일치되는 인생을 살 수 있는 것입니다.

그러므로 우리가 자녀를 교육할 때에도 성령님의 교육만큼 중요한 것이 없습니다. 부모로서 자녀들을 바르게 훈육하고 사회적으로도 적절한 교육을 아이들에게 제공해야 하지만, 가장 좋은 것은 아이가 개인적으로 주님을 만나고 하나님의 말씀의 맛을 알게 해주는 것입니다. 그리하여 스스로 말씀을 대할 때에 거기에서 깨닫고 은혜를 받고 변화되는 그런 작용이 있다면, 그 자녀는 우리가 더 이상 아이들을 돌볼 수 없을 때에도 하나님의 말씀에 의해서 돌봄을 받을 것입니다.

우리가 잔소리하고 충고하지 못할 때에도 하나님의 말씀이 그 아이의 지식에 살아 있어서, 성령님의 검이 그 말씀을 사용할 때 우리 아이들은 고쳐지고 변화될 것입니다.

은혜의 말씀에 부탁하노니

그렇다면 우리는 어떻게 우리의 자녀들이 그 말씀에 붙들려 살 수 있도록 그렇게 세워 줄 수 있을까요? 그것은 결국 하나님의 말씀이 그들의 마음속에 스며들도록 그렇게 말씀을 도구로 삼아야 합니다. 교회 안에서도 세상적인 방법이 성도의 교제의 전부라고 한다면 그것은 주님의 말씀에 붙들린 교회라고 할 수 없습니다.

먹든지 마시든지 무엇을 하든지 은혜의 말씀이 굳게 심겨져서 말씀에 붙들려 영향을 받으며 사는 우리의 자녀들, 또 성도들이 될 때에 세상은 아무리 다르게 변해도 우리는 그들이 이길 것을 믿습니다. 왜냐하면 이 기도를 붙들고 계신 분은 우리 주님이시기 때문입니다.

사도는 그 말씀이 은혜의 말씀이라고 말합니다. 이것은 하나님의 말씀의 깨달음 속에 큰 은혜의 영향력이 숨어 있는 것을 보여줍니다. 이 은혜의 영향력은 끊임없이 불길처럼 솟아나서 영혼을 변화시키고, 새롭게 하고, 고치는 위대하고 놀라운 역사를 만들어 갑니다. 하나님께서는 이러한 큰 영광을 당신의 교회와 당신의 백성들에게 주셨습니다.

눈물의 섬김으로, 말씀으로 자신의 양떼를 길러 내었던 사도 바울과 같이 자녀들의 일차적인 영혼의 목자로서 부모인 우리에게도 이런 헌신이 필요합니다.

저는 교회에서 진행되는 어린이 회심집회가 언젠가는 사라지기를 바랍니다. 가정에서 부모들이 사랑으로 온 마음을 다해 아이들의 영혼을 자신의 영혼처럼 생각하고 하나님의 말씀으로 가르쳐 반듯하게 세운다면 그런 회심집회는 필요하지 않을 것입니다. 만약 청교도들에게 그런 회심집회를 하자고 했다면 아마 이렇게 말했을 것입니다. "왜 그런 것을 해야 합니까? 부모가 있는데 아이들에게 그런 것이 왜 필요합니까?"라고 말입니다.

아이들 안에 신앙이 들어가고 그것이 마음에 울리는 고백의 소리로 흘러나오고 또 삶을 바꾸는 이 모든 일은 사람의 이성이나 생각으로 이해할 수 없고 설명할 수도 없는 신비하고 거룩한 영의 역사입니다. 우리는 이것이 우리의 자손들의 가슴에 심겨지기를 바랍니다. 이 신앙이 우리의 자녀들뿐 아니라 그 다음 세대에까지 계속해서 이어져서 우리에게서 난 모든 자손들이 참 복음의 가치를 깨닫고 하나님 나라의 영광을 위해서 살아가기를 바랍니다.

여러분은 여러분의 자녀가 이렇게 하나님의 말씀의 교훈을 끊임없이 받고 그 사랑의 교훈을 받으며 변화되어 가도록 온 마음을 다해서 사랑하는 마음으로 아이들을 돌보십시오.

어떤 커다란 집회 한 번에 마치 판돈을 모두 걸고 일어서는 도박꾼과 같은 그런 마음이어서는 안 됩니다. 아이가 회심을 했든 아직 하지 않았든 부모의 가장 큰 의무는 자라나는 어린 영혼들을 사도 바울과 같은 심정으로 주님께서 부어 주신 그 마음을 가지고 돌보고 눈물로 사랑하는 것입니다.

최고의 보험

우리는 다음 세대가 어떻게 될지 궁금해 합니다. 그리고 우리의 자녀들이 10년 뒤에, 20년 뒤에 혹은 30년 뒤에 이 사회에서 어떤 사람이 될지 궁금합니다. 통일은 될까? 애가 공부를 잘하는데 의사가 될까? 아니면 노래에 재주가 있는데 유명한 가수가 될까? 아니면 신앙생활을 잘하는데 앞으로 어떤 큰 인물이 될까?

그러나 이런 것은 핵심 가치가 아닙니다. 이런 것은 아무래도 상관없습니다. 이 험한 세상에서 누구에게 붙들려 살아가느냐가 가장 중요합니다. 아이들이 죄와 허망한 세상 문화에 붙들려 살아가게 하겠습니까? 그 문화로부터 단절시키면 아이들이 안전할까요? 아닙니다. 아니면 좋은 보험을 들어 평생 보장받게 한다면 그 보험에 붙들려 안전하게 살아갈 수 있을까요? 그 또한 아닙니다. 아이를 위해 그 어떤 보험을 들어준다고 해도 그 보험이 영원을 보장해 주지는 않습니다.

우리가 자녀를 위해 들어줄 수 있는 최고의 보험은 여러분은 완전한 부모가 아니지만 완전하고 능력이 많으신 하나님 아버지께서 그를 붙들게 해 드리는 것입니다. 주님께서 그를 붙드시고 여러분의 자녀가 믿음으로 그리스도의 십자가를 붙들고 하나님의 사랑을 알고 살아갈 때, 언젠가 여러분이 더 이상 아이와 함께할 수 없는 날이 와도 아이들은 믿음으로 이 세상을 이기며 살아갈 것입니다. 왜냐하면 이 세상이 아무리 험해도 우리 주님께서는 강하시기 때문입니다. 그것이 가장 안전한 인생인 것입니다.

그러므로 여러분, 자녀의 회심을 더 이상 미뤄 둘 수 없지 않겠습니까? 멀지 않은 미래에 아이가 자라 분가시킬 날이 올 것입니다. 만약 그때까지 내 아이가 회심하지 않아 불신자와 만나 결혼을 한다면, 그래서 그 자식들을 불신자로 키운다면 여러분은 하늘에 가서 그것을 어떻게 내려다볼 수 있겠습니까? 그 씨가 퍼져서 지옥의 백성이 되는 것을 어떻게 보겠습니까?

잠언은 "미련한 아들은 그 아비의 근심이 되고 그 어미의 고통이 되느니라"(잠 17:25)고 했습니다. 그렇게 회심하지 않고 살아서 아이가 무슨 일을 하게 될까요?

 지금은 1대 1입니다. 그러나 불신자와 만나 결혼을 하고 나면 2대 1이 됩니다. 자녀를 낳는다면 그 수는 계속해서 늘어날 것입니다. 또 그때가 되면 대부분은 지금처럼 한 지붕 아래 있지도 않을 것입니다.

 더 늦기 전에 여러분의 자녀를 위해 온 마음을 다해 사랑하며 기도하십시오. 회심에 이르도록, 회심에 이른 자들은 이 은혜의 말씀께 붙들려 살도록 돌보십시오.

 여러분이 마지막으로 믿을 수 있는 것은 이 은혜의 말씀 하나밖에 없습니다. 이 은혜의 말씀이 여러분의 자녀들의 가슴속에 살아 움직일 수 있도록 바울처럼 사랑으로, 눈물로 가르치는 눈물의 부모들이 모두 되시기를 바랍니다.

 이렇게 부모로서의 사명을 다하고 싸워야 할 싸움을 다 마친 후에 "착하고 충성된 종아."라고 칭찬해 주실 주님을 바라보면서 말입니다.

10장

여호와를 경외하는 자의 복

 네 집 안방에 있는 네 아내는 결실한 포도나무 같으며 네 식탁에 둘러앉은 자식들은 어린 감람나무 같으리로다 시 128:3

"퐁당!" 잔잔하게 잠들어 있는 호수에 돌멩이 하나를 던지면 돌멩이가 떨어진 그 자리부터 동그랗게 파문이 그려지며 물결이 퍼져 나갑니다. 하나님의 복의 원리도 이와 같습니다.

하나님께서 당신을 의지하고 경외하는 사람들에게 주시는 복은 제일 먼저 그 사람의 영혼 안에서 시작됩니다. 그래서 하나님께서 주시는 모든 복은 자기 자신 속에 임하는 영적인 은혜와 거기서부터 파문을 그리면서 멀리멀리 번져 나가는 또 다른 섭리의 복으로 나누어집니다.

이 세상에 복음을 전하는 선교도 이와 같은 원리를 그대로 따릅니다. 예수님께서도 말씀하셨습니다. "나를 믿는 자는 성경에 이름과 같이 그 배에서 생수의 강이 흘러나오리라 하시니"(요 7:38). 자기 안에서 쏟아져 나온 그 생수의 강물이 파문을 그리며 퍼져 다른 이들도 그 복음의 혜택을 누리게 되는 것, 이것이 선교이고 전도입니다. 그런데 어떤 사람들은 자신 속에서 쏟아져 나오는 생수를 통해서 그 일을 하려고 하지 않고 자신 밖에만 파문을 일으키려고 애를 씁니다. 거기에서 모든 신앙의 타락한 양상들이 발생합니다.

그러나 십자가의 넘치는 용서와 사랑을 받으며 사는 사람은 그 파문이 제일 먼저 자신의 영혼 안에서 진동으로 일어나 자신의 마음을 변화시키고 그 마음의 변화가 그의 삶을 움직입니다. 그리고 그 축복의 첫 번째 수혜지는 바로 그 사람의 가정입니다.

복의 수혜지, 가정

시편 128편에는 그렇게 축복의 파문이 번져 간 한 가정의 모습이 등장합니다. "여호와를 경외하며 그의 길을 걷는 자마다 복이 있도다 네가 네 손이 수고한 대로 먹을 것이라 네가 복되고 형통하리로다 네 집 안방에 있는 네 아내는 결실한 포도나무 같으며 네 식탁에 둘러앉은 자식들은 어린 감람나무 같으리로다 여호와를 경외하는 자는 이같이 복을 얻으리로다"(시 128:1-4).

성경은 여호와를 경외하며 그의 길을 걷는 자마다 복이 있다고 명시하고 있습니다. 그리고 그의 아내는 결실한 포도나무에, 자식들은 어린 감람나무에 비유하고 있습니다. 이 두 가지는 이스라엘 백성들에게 있어서 하나님께서 주신 최고의 선물이었습니다.

당시 포도는 그들에게 물과 같은 것이었습니다. 그래서 떡과 포도주는 밥과 물의 상징이었습니다. 그 당시 에스골 골짜기에는 한 송이에 4~6kg에 달하는 포도가 있었다고 전해집니다. 그런 포도를 맺고 있는 포도나무를 상상해 보십시오. 몇 미터씩 뻗어 나간 가지들에 커다란 포도송이가 주렁주렁 맺혀 있는 모습은 보는 이의 마음마저 흐뭇하게 할 것입니다.

포도나무 자체로는 겉보기에는 넝쿨 같고 목재로도 잘라 쓸 수 없는 나무이지만 아름다운 포도를 잔뜩 매달고 있는 '결실한 포도나무'는 그 집안에 있어서 매우 값지고 귀한 것이었습니다. 성경은 여호와를 경외하는 사람의 아내를 바로 이 포도나무에 비유합니다.

그리고 또 하나의 요소, 아이들에게 비유된 이 감람나무는 바로 올리브나무입니다. 어린 감람나무는 지금은 비록 작고 여리나 이후에 자라 열매를 맺을 것입니다. 그때 그 열매에서 짜낸 올리브기름은 약용과 식용 등, 여러 가지 용도로 쓰이는 고귀한 것이었습니다. 이는 그렇게 그 자녀들이 장차 세상을 이롭게 하는 고귀한 사람들이 될 것임을 보여줍니다.

시편 128편은 우리의 신앙과 경건이 외적인 삶의 형통과도 어떤 연관성이 있는지를 보여주고 있습니다. 하나님께서는 이러한 복을 당신을 경외하는 사람들에게 주시겠다고 약속하셨습니다. 구체적인 약속들을 주시며 우리가 하나님을 경외하며 살아갈 것을 촉구하시는 것입니다.

어린 감람나무

어린 자녀들에게 비유되고 있는 감람나무에 대해서 조금 더 살펴보겠습니다. 감람나무의 열매를 어디에 썼는지 아십니까? 당시 여호와를 섬기는 성막에서는 등잔에 불을 밝힐 때 바로 이 감람나무 열매를 깨뜨려 나온 기름을 사용하였습니다. 열매를 톡톡 깨서 나온 깨끗한 기름을 하나님 앞에 태워 드렸던 것입니다.

성소에서 밝혀진 이 등잔의 불빛은 진리의 빛과 사랑의 열을 상징했습니다. 하나님께서 성소에 등불을 두신 이유는 하나님의 임재 앞에서 제사를 드릴 때마다 하나님을 섬기며 당신과 교제하는 사람들이 세상에 비춰야 할 진리의 빛과, 또한 하나님을 예배하는 모든 사람들이 받을 불꽃같은 사랑을 기억할 수 있게 하시기 위함이었습니다.

하나님 자신이 바로 그 사랑의 불이자 지식의 빛이실 뿐 아니라 그 하나님과 교제하는 모든 사람들 또한 하나님을 아는 지식의 빛을 세상에 던져 주는 빛이 되고, 하나님의 사랑을 받아 식어지고 얼어붙은 세상의 영혼들을 그 사랑의 불길로 녹이고 생명을 소생케 하는 존재들이 될 수 있음을 보여주신 것입니다.

그래서 예수님께서도 당신을 따르는 우리를 향해서 "너희는 세상의 빛이라"(마 5:14)라고 말씀하셨습니다.

그런데 이런 놀라운 약속의 주인공들은 누구입니까?

어떤 집이든 식탁에 둘러앉은 아이들이 이렇게 고귀하게 될 것이라는 약속이 주어진 것이 아닙니다. 그 식탁 중심에서 그 가정을 이끌어 가는 부모가 여호와 하나님을 경외할 때, 그렇게 주님을 경외하는 마음으로 자녀를 잘 양육하면 그의 가정에 이러한 복이 주어진다고 성경은 말씀하고 있는 것입니다.

역사를 움직이는 사람들

인류의 역사가 수많은 사람들에 의해서 움직여지는 것은 사실이지만 하나님께서는 몇 사람을 통해 커다란 방향의 전환을 이루십니다. 하나님께서는 시간이라는 지렛대를 가지고 인간을 받침점 삼아 능력의 힘으로 온 인류의 역사를 움직이시는 것입니다.

겨울에 비탈길에서 굴리는 눈덩이를 생각해 보십시오. 눈사람을 만들어 사람 키보다 더 크게 만든 그 눈덩이가 사실 맨 처음에 시작될 때에는 주먹만 한 눈뭉치에서 시작되었고, 아무리 눈을 굴려도 결국은 그 눈 속에 있는 핵의 도움이 있었기 때문에 눈덩이가 그렇게 크게 만들어질 수 있는 것입니다.

이처럼 많은 사람들이 역사를 일구어 가도 한 사람이 계기가 되어서 이 세상을 움직여 가는 것입니다.

만약 하나님을 경외하지 않는 사람들의 손에 그런 역사의 전환점이 넘겨진다면 수많은 사람들이 하나님을 거스르고 주님을 모른다고 부인하며 달려갈 것입니다. 그런데 바로 그 지점에서 우리 아이들이 하나님 중심의 믿음을 가지고 역사를 움직이는 사람이 된다면 부모인 우리에게 그보다 더 아름다운 일은 없을 것입니다.

요셉이 보디발의 집에 팔려서 하찮은 노예가 되었을 때에 누가 그 아이가 미래에 애굽과 온 세상을 죽음에서 건져 낼 인물이 될 것이라고 생각했을까요?

그러나 하나님께서는 그를 높이셨습니다. 왜냐하면 하나님께서는 당신의 마음을 가지고 당신처럼 생각하고 당신처럼 섬기며 살 믿음을 가진 사람들에게 역사를 움직일 기회를 주시고 그들을 존귀하게 사용하시기 때문입니다.

정말 하나님을 사랑하고 경외하는 사람은 자신의 욕심을 가지고 하나님의 뜻이라고 우기며 살지 않습니다. 그들은 오히려 자기의 욕심을 비우고 하나님의 뜻대로 사는 데에서 인생의 보람을 느낍니다.

우리는 사람들에게 존경을 받고 많은 재화를 소비하면서 사는 화려함 때문에 우리 아이들이 높은 지위에 오르기를 꿈꾸어서는 안 됩니다.

그러나 역사를 움직일 수 있는 그런 위치에서 하나님께서 맡기신 기회를 잘 사용하여 하나님 중심으로 그분 앞에서 행하고 많은 사람들을 옳은 길로 돌아오게 할 수 있다면 그것이 얼마나 하나님께 기쁨이 되는 것이겠습니까?

우리의 자녀들이 이렇게 존귀하게 될 수 있는 그 약속은 하나님을 경외하는 가정을 통해서 이루어지게 됩니다.

하나님을 경외하는 가정

성경은 그 복의 핵심을 하나님 자신이라고 말합니다. "하나님께 가까이함이 내게 복이라……"(시 73:28). 모든 행복은 하나님 안에서 발견되는 것입니다.

그러하기에 비록 아이가 큰사람이 되어 역사에 한 획을 긋는 한 사람이 되지 못한다 하더라도, 하나님의 자비와 사랑을 발견하고 죄를 뉘우치며 하나님의 진리를 명징한 지성으로 더 많이 알아가고 하나님과의 평화 속에서 자신의 사명을 따라 사는 부모의 모본을 보면서 그렇게 언약 백성으로서 올바르게 사는 법을 배우고 그대로 살게 된다면 참으로 복된 것입니다.

그런데 때로 우리는 신앙에 있어서나 인격에 있어서 아주 훌륭하다 하더라도 자녀들의 문제로 늘 속을 끓이는 부모들을 만나게 됩니다. 이는 신앙이라는 것이 물건을 전달해 주듯 그렇게 쉽게 저절로 전수되는 것이 아님을 보여줍니다.

아무리 사랑하고 훌륭한 모본을 보여준다고 해도 그대로 배우지 못하는 자녀들도 있고, 부모가 특별히 간구하거나 특별한 신앙을 가진 것도 아닌데 신앙이 매우 훌륭한 자식들이 태어나는 경우도 얼마든지 있습니다. 신앙이 가진 개별적인 특성 때문입니다. 그럼에도 불구하고 부모의 본분은 분명합니다.

자신도 올바르게 하나님을 향한 경외의 마음으로 살아갈 뿐만 아니라 자식을 위해 끊임없이 기도하고 사랑해야 합니다. 대개의 경우 자신의 사명에 너무 열중한 나머지 자녀의 신앙을 위해서는 아무것도 하지 않는 부모들이 많습니다.

만약 자신이 이렇게 하나님의 은혜를 누림에도 불구하고 자녀와 또 다른 가족들은 고통과 어려움을 당하고 있다면 이는 참다운 축복의 파문일 수가 없습니다. 하나님께서는 우리가 받은 그 많은 은혜들의 최종적인 소비처가 우리 자신이기를 원하지 않으십니다. 그것은 자기 만족적인 신앙이고 그 신앙은 반드시 부패하게 되어 있습니다.

성경은 모든 지혜의 근본이 하나님을 경외하는 것이라고 했습니다(잠 9:10). 뿐만 아니라 여호와의 친밀하심이 그를 경외하는 자에게 있다고 하였습니다(시 25:14). 하나님과의 친밀함, 그리고 참 지혜를 얻는 것은 바로 하나님을 경외하는 자의 몫입니다.

그러한 경외함을 가정 안에서 부모로부터 자녀들이 배우게 될 때 우리의 자녀들은 어디를 가든지 주님의 마음을 헤아리는 하나님의 사람이 될 것입니다. 그 믿음으로 부모인 여러분이 먼저 주님을 경외하는 사람으로 살아가야 합니다.

마지막 위로

우리가 자녀들의 인격과 삶을 위해 자녀들에게 잘해 주는 것도 중요하지만 더 중요한 것은 우리의 자녀들이 이 환난과 풍파가 많은 세상에서 주님 한 분만을 굳게 붙들고 믿음의 도리를 지키며 신앙으로 살아가게 하는 것입니다. 또한 우리의 모든 마음과 뜻을 기울여 주님께서 우리에게 주신 은혜가 우리 다음 세대인 우리의 자녀들에게서 활짝 꽃피도록 전심으로 기도하는 것입니다. 우리가 이 세상을 떠나도 하나님께서 그들을 굳게 붙들어 주시도록 신앙으로 그들이 하나님께 강력하게 사로잡히도록 말입니다.

그렇게 우리 아이들이 하나님께 순종하며 믿음으로 살아가는 사람들이 될 때 하나님께서는 우리의 자녀들을 통해서 더 큰 영광을 받으실 것입니다.

부모로서 인생을 살면서 마지막 위로는 자식이 잘 되는 것을 보는 것입니다. 자녀가 하나님을 깊이 경외하고 이 세상에서도 많은 사람들에게 진리의 빛과 사랑의 불꽃이 되어 없어서는 안 될 존재로서, 누군가의 말처럼 세상의 덕을 보기보다 세상에 덕이 되는 삶을 살아가는 것을 보는 것입니다. 현재적으로 많은 재물을 누리고 많은 힘을 가지고 있다고 할지라도 그것이 부모의 마음에 진정한 기쁨일 수는 없습니다.

그러므로 여러분이 하나님을 경외하면서 자녀를 위한 기도와 사랑을 멈추지 않는다면 그것이 자식에게 해줄 수 있는 최고의 것입니다.

가난해서 남들처럼 훌륭한 교육을 시켜 주지 못해도 그 아이는 인간으로서 절대 실패하지 않습니다. 남부러울 것 없는 좋은 집, 좋은 옷, 좋은 학습 도구 이런 것을 갖지 못했어도 아이의 마음에 하나님을 가지면 그 아이는 하나님과 이웃에게 정말 존귀하고 아름답고 예쁜 사람으로 자랄 수 있습니다.

자녀들의 앞날을 꿈꾸어 보십시오. 감람나무 열매에서 나온 기름이 성소의 등불을 밝힌 것처럼 우리 자녀들이 하나님을 경외하며 이 세상에서도 많은 사람들에게 진리의 빛과 사랑의 불꽃을 나누어 주고 혜택을 줄 수 있는 사람이 되는 꿈을 꾸십시오.

그리고 그것을 가슴에 꼭 품고 기도하십시오. 무엇보다도 여러분이 먼저 여호와 하나님을 막보지 않는, 주님을 참으로 경외하는 삶을 살아갈 때 주님께서는 그 복을 여러분 가정으로 흘러가게 하실 것입니다.

아이를 깊이 사랑하며 참다운 회심에 이르도록 그리고 그 회심을 보전하면서 살도록 기도하십시오. 하나님께서 이런 모든 복을 여러분에게 주실 것입니다.

부록

회심이 무엇이냐고 묻는 아이에게
이제 막 회심하고 기도하고 싶어하는 아이에게
아이들의 회심 이야기

회심이 무엇이냐고 묻는 아이에게

아이 아빠! 아빠! 근데 '회심'이 뭐예요?

아빠 우리 ○○이가 회심에 대해서 알고 싶구나? 회심이 뭐냐면 마음이 완전히 바뀌는 거야.

아이 그게 뭔데요?

아빠 응, 예전에는 우리가 친구를 미워하고 또 놀리고 거짓말하고 화내고 짜증내고, 엄마 말씀도 안 듣고 이런 것들을 더 좋아했다면, 회심으로 마음이 바뀌고 나면 친구를 사랑하고 또 용서하고, 엄마 말씀도 잘 듣는 것을 좋아하게 되는 거야. 하나님께서 미워하시는 것을 우리도 미워하고 또 하나님께서 기뻐하시는 것을 우리도 기뻐하면서 살아가게 되는 거지.

아이 어떻게요? 어떻게 그렇게 되는데요?

아빠 응, 그건 말이야. 태어날 때부터 죄로 인해서 까맣게 되어 있던 우리 마음은 나쁜 행동들을 하면서 살 수밖에 없었는데, 하나님께서 우리 영혼에 새로운 생명의 씨앗을 심어 주시는 거야.

아이 새로운 생명의 씨앗?

아빠 음, 그 씨앗이 우리 마음에서 자라나면 더 이상 우리는 까맣던 우리 마음이 시키는 대로 나쁜 행동을 좋아하면서 살아갈 수 없어. 이제는 하나님을 닮고 싶고, 하나님께서 기뻐하시는 대로 살고 싶어하는 거지.

아이 와! 정말 좋은 씨앗이에요!

아빠 그렇지? 그런데 우리 안에 그렇게 한 번 심겨진 씨앗은 어떤 경우에도 사라지지 않지만 하나님 말씀을 보고 또 기도하면서 그 씨앗이 잘 자라날 수 있도록 우리가 지켜야 해. 그렇지 않으면 까만 마음이 우리 마음을 계속해서 지배하려고 할 거야.

아이 아빠, 그 씨앗을 갖고 싶으면 어떻게 해야 해요? 저도 까만 마음이 시키는 대로 살고 싶지 않아요.

아빠 그렇구나. 그럼 말이지, 우리가 까만 마음을 좋아하는 죄인이라는 사실을 생각하고, 까만 마음을 좋아하고 하나님께서 싫어하시는 일들을 좋아하면서 사는 우리의 나쁜 마음을 용서해 달라고 기도하는 거야. 우리의 까만 마음 때문에 우리를 지으신 하나님 아버지의 마음을 아프게 해 드린 것에 대해서 용서를 구하고, 예수님밖에는 우리를 그 더러운 죄에서 구원해 주실 분이 없다는 사실을 기억하면서 기도해야 해.

그렇게 우리가 회개하며 기도할 때 하나님께서는 더러운 우리의 죄를 예수님의 피로 깨끗하게 씻어 주시고 우리 마음에 생명의 씨앗을 심어 주실 거야.

우리 그렇게 같이 기도해 볼까?

이제 막 회심하고 기도하고 싶어하는 아이에게

아이가 회심의 은혜를 보존하는 데에는 부모의 절대적인 도움이 필요합니다. 어떻게 우리 아이들을 도와줄 수 있을까요?

어린아이들이라도 중생하고 회심해서 말씀이 심겨지게 되면 자신의 거듭난 영혼에 양식을 갈망하게 됩니다. 그래서 하나님의 말씀을 아주 놀랍게 섭취하려고 듭니다.

한 걸음 더 나아가서 그에게 고통과 시련 혹은 하나님의 축복이 주어질 때, 아주 어린아이인데도 하나님과의 관계에서 이것을 생각할 수 있는 해석 능력이 생겨나게 되는 것입니다. 그래서 하나님을 사랑하게 되고 또 두려워하는 마음을 갖게 됩니다.

그럴 때 아이들에게 성경을 읽고 또 암송하게 하고 아이를 위해 기도해 주고 또한 안아 주고 사랑해 주면서 부모와 함께 성도의 교제를 나눌 수 있게 해주어야 합니다. 믿음 안에서 아이가 자라갈 수 있도록 함께 신앙생활을 하는 것입니다.

믿음이 자라나면서 이때 아이들은 특별히 기도를 하고 싶어합니다. 그런 아이에게 '세계 평화를 위해서', '우주 전쟁이 없도록!' 그런 기도 제목을 주어서는 안 됩니다.

아이들이 그렇게 기도하려고 할 때 아주 현실적인 것을 위해서 구체적으로 기도하도록 도와야 합니다. 그러면서 아이가 자신의 기도에 대한 응답을 확인하게 해주는 것입니다. 그렇게 하나님께서 응답해 주시는 것을 아이들이 경험하면서 아이들 안에는 어른들과 똑같은, 때로는 어른들보다도 더욱 굳건한 믿음이 생겨나게 됩니다.

지금은 멀리 이사 간 교회 지체가 있었습니다. 결혼을 하고 와서 교회에 있는 동안 아이 셋을 낳았습니다. 아이가 돌을 맞아 심방을 하며 예배를 드리는데 그때 5살 정도 된 큰아이가 장난감을 사 달라고 그렇게 졸랐습니다. 조르는 아이와 안 된다는 엄마가 실랑이를 하는 사이 아이 아빠에게서 전화가 왔습니다.

엄마는 아이가 들으라는 듯 이렇게 말했습니다. "여보, 우리 아들이 장난감 사 달라고 너무 졸라. 어떻게 하지?" 그런데 수화기 저편에서 희소식이 들려왔습니다. "아빠가 너 사 주래." 엄마의 말이 떨어지기가 무섭게 아이가 사라졌습니다. 녀석이 어디 갔나 하고 찾아보니 자기 방에 들어가서 방석 위에 무릎을 꿇고 하나님 앞에 진지하게 기도를 하고 있는 것이었습니다. "하나님, 장난감 사 달라는 기도에 응답해 주셔서 감사합니다."

얼마나 놀랍습니까? 장난감을 가지고 싶다는 기도 제목이 아이에게는 굉장히 심각한 기도 제목이었고 아빠를 통해 돌아온 대답은 놀라운 기도의 응답이었습니다.

저희 애들을 키우면서도 있었던 일입니다. 아들이 5살 즈음에 아침에 일어나자마자 저를 흔들어 깨웠습니다. "아빠! 놀라운 일이 있어!" "뭔데?" "기도 응답을 받았어! 꿈에서 닌자 거북이를 한 번만 만나게 해 달라고 기도했는데 하나님께서 밤에 만나게 해주셨어! 하나님은 정말 살아 계셔!"

어른들이 보기에는 그저 귀엽기만 한 기도이지만 아이들은 이런 일들의 반복을 통해 하나님께서 자신의 기도를 들어주신다는 것을 마음속에 선명하게 새기게 됩니다. 그러므로 아이들에게 기도 제목을 줄 때 너무 크고 먼 기도 제목을 주지 마십시오. 아주 현실성이 있는 것, 아이가 정말 간절히 기도할 수 있는 그런 기도를 하게 하여야 합니다.

아이들의 회심 이야기

　등불학교[9]를 하기 전에는 집에 가서 TV를 보거나 컴퓨터를 하면서 시간을 흘려보냈는데 등불학교를 하고 있으니 쓸모없는 시간이 점차 잘 활용되고 있었다. 하나님께서 어떻게 돌아가셨는지 우리를 위해 어떤 일을 하셨는지 등불학교를 하기 전에는 잘 안다고 생각하였지만 그 말을 했던 게 부끄러웠다. 나는 이제 하나님을 더 잘 알려고 노력하고 있는데 잘 되었으면 좋겠다.

등불학교를 마치고, 소년부 5학년 정유진

　벌써 나는 등불학교 1기를 수료하게 되었다. 몇 개월 전, 등불학교 면접을 보고 문자로 합격이라는 통보를 받았을 때 정말 기대가 되었다.
　먼저 등불학교 특강은 내게 많은 동요를 주었다. 특강 1에서는 기독교의 참 진리를, 특강 2에서는 사회의 기독교인들을 통해 자신감과 기쁨을 맛볼 수 있었다.

---

9) 등불학교는 6세부터 12세까지 어린이들을 대상으로 교리와 기독교 세계관 그리고 경건생활을 배우고 훈련하는 열린교회 교회학교의 교육 프로그램입니다.

하지만 이런 것들은 전체적인 것을 요약한 것이고 내 생각에 내게 가장 도움이 된 것은 『경건 점검표』였다. 가끔은 밀리기도 하고, 거짓으로 쓸까 말까 연필을 손에 쥐고 고민한 적도 있었지만, 차차 내 생활의 습관으로 자리 잡아 갔다. 매일 저녁 그림 큐티와 성경 묵상, 하나님께 드리는 기도로 신앙생활의 만족과 기쁨을 가지게 되었다. 또 이제는 습관이 되어 경건생활이 자연스럽고 가장 큰 보람이기도 하다.

양화진 선교사 묘원에서는 눈시울을 적시기도 했다. 선교사님들의 공로를 느끼고 그분들의 희생이 너무 감사한 한편 나는 그렇게 크고 굳센 믿음이 있는가 돌아보게 해준 고마운 체험이었다. 나는 작은 프로그램에서도 많은 것을 느낄 수 있었다. 바로 『영상 소감문』이었다. 이 5분짜리 영상이 내게 얼마나 많은 마음의 동요와 그리스도인으로서의 은혜를 주었는지……. 하나하나에서 주님의 뜻이 새록새록 했다.

등불학교를 하면서 내가 변화된 점을 꼽아 보자면, 경건의 생활화와 은혜로운 생활을 들 수 있다. 또 하나님의 사람이 되고픈 마음도 많이 들었다. 주일 오후를 그냥 유익하게 보내는 것이 아니라 또 하나의 은혜였다. 이러한 프로그램을 가지게 해주신 목사님, 강도사님, 전도사님, 간사님, 선생님 그리고 하나님께 감사드리고 2기에도 이런 좋은 경험을 할 수 있으면 좋겠다. 이제 등불학교 마지막이라니 아쉬움과 뿌듯함이 함께 남는다. 앞으로 믿음의 사람이 되도록 하나님 아버지께 많은 기도를 해야 할 것 같다.

등불학교를 마치고, 소년부 5학년 추헌호

이번 어린이 회심집회는 나에게 정말 의미가 있었다. 담임 목사님의 말씀이 끝나고, 담임 목사님이 기도를 인도해 주셨는데, 그때 하나님께서 나를 만나 주셨다.

우리 가족이 모두 회심집회에 와서 죄를 고백하며 그 죄가 깨끗하게 되었으면 좋겠다. 기도 시간 전에 해주신 설교 말씀에 나는 정말 깜짝 놀랐다. 강도가 예수님께 회심을 하고, 강도가 천국에 갔다는 것은 기적 같은 일이다. 그 죄 많은 강도가 회심을 하고 천국에 가다니……

말씀을 들으면서, 나도 오늘 진심으로 회개하여 천국에 갈 거라 생각하였다. 말씀 후에 기도를 하고 집으로 돌아가는데, 다리가 후들거리고 아플 정도였다. 하지만 이렇게 다리가 후들거리고 아플 정도로 기도를 하도록 해주셔서 너무 뿌듯했다.

나는 이 정도로 다리가 아픈데, 예수님께서는 얼마나 아프셨을까? 예수님께서 나에게 해주신 것에 비하면 이건 1/100,000밖에 되지 않는다. 예수님께서 내 맘을 아시고 내 맘에 들어오셔서 함께하신다는 생각을 하니 너무나 기쁘다.

나는 오늘 집회가 조금 좋아지고, 하나님께 대한 것에 한 걸음 더 나아가게 되어서 너무 기쁘다. 처음엔 지루할 것 같은 집회였지만 재미있었다. 다음번에는 우리 누나도 데려오고 싶다.

회심집회를 마치고, 초등부 4학년 김승민

큰 죄를 지은 사형수도, 예수님의 십자가 옆에서 예수님을 욕하던 강도도 회심하면 천국에 가게 된다는 것을 말씀을 통해 배웠다. 나도 그들처럼 회심하여 천국에 갈 수 있다는 확신이 생겼다. 기도하면서 너무 기뻐 "감사합니다."를 몇 백 번 했다.

이렇게 여기서만 기도하는 것이 아니라 집에서도 계속 기도한다면 친척들도 예수님을 믿게 될 것이다. 무슨 일이 있더라도 전도사님처럼 용기를 가지고 친구들, 친척들, 아는 사람들에게 전도할 것이다. 그리고 나로 인해 다른 사람들이 피해를 받는 게 아니라 행복을 얻고, 기쁨을 얻게 하겠다. 그리고 예수님처럼 나의 모든 것을 하나님께 바치겠다. 내가 만약 모든 것을 잃을 때 천국에 갈 수 있다면 차라리 모든 것을 잃겠다.

회심집회를 마치고, 소년부 5학년 이연준

나는 이번 여름성경학교 때, 많은 은혜를 받았다. 첫째 날 저녁 집회가 인상적이었다. 특히 기도 시간이 좋았다. 회개 기도도 하고 "저를 만나 주세요." 기도로 정말 눈물이 펑펑 났다. 나는 정말 은혜를 받은 것 같았고 많은 회개도 하였다. 예수님께서 하나님, 창조주, 구원자이심도 알게 되었다. 같이 지낸 친구, 언니들도 정말 친해졌다. 그 친구랑 언니들도 은혜를 받았으면 좋겠다.

설교 시간에 '저게 내 얘기는 아닐까?' 하는 많은 생각을 했다. 제일 기억에 남는 것은 말씀 시간과 기도 시간이었다. 둘째 날에는 저녁 집회 시간이 기다려졌고, 진짜 모든 은혜를 받은 것 같았기 때문이다. 코스 활동을 준비해 주신 것도 감사했다. 좋은 시간이었다. 여름성경학교가 끝나고도 이 은혜 간직하고 있을 거다.

여름성경학교를 마치고, 초등부 3학년 이민형

이번 여름성경학교엔 특별히 친구를 3명이나 데려왔다. 그 친구들과 함께 저녁 집회 시간에 집중하며 말씀을 들었다. 처음엔 친구들이 지루한지 몸을 뒤틀었다. '과연 이 친구들이 주님을 만날 수 있을지' 걱정이 되었다. '예수님을 바로 알아요.' 라는 주제로 예수님께서 일으키신 기적을 들려주셨다. 솔직히 난 강도사님이 하시는 말씀이 놀라웠다. 주제곡처럼 사망 권세 이기신 주님이셨다. 성품이 완전하신 하나님께 기도드리니 응답해 주셨다. 저녁 집회가 끝날 쯤에 기도드리는 시간이 되었다.

주저함 태산이었던 친구들이 다른 아이들보다 더 열정적으로 기도를 하고 있었다. 눈물을 흘리며 간구하는 차○○, 강○○, 박○○…… 그리고 내 왼쪽에 같이 앉아 있었던 친구가 눈물을 흘리는 것이 쑥스러워 고개를 푹 숙이고 하는 나와는 달리 자신이 기도하는 것이 전혀 부끄럽지 않다는 당당한 행동으로, 간절히 눈물을 흘리며 기도하는 모습이 본받을 만했다.

순간 나 자신이 부끄러워지고 그 친구처럼 기도를 했다. 정말 뜻 깊은 시간이었고, 쓰레기 같은 미천한 저희들의 죄 때문에 십자가에 돌아가셔서, 우리들을 진심으로 사랑하시는 주님의 사랑을 체험한 기분이다.

여름성경학교를 마치고, 초등부 4학년 송민주

예전에는 예수님께서 그냥 우리를 구원하시려고 십자가에 매달리는 것인 줄 알았다. 하지만 설교를 듣고, 공과공부 시간에 이야기를 들으며, 예수님께서 세상과 모든 만물을 만드신 창조주인 것을 알고 고통당하시며 우리를 구원하신 예수님이라는 것도 알았다. 그리고 예수님께서는 상상도 할 수 없을 만큼이나 위대하고 우리가 감히 나설 수 없는 예수님이신 것 같았다. 이번 여름성경학교를 통해 배운 것이 많다. 예수님에 대한 이야기가 가장 재미있었다.

또 회개 기도를 할 때 울면서 했는데 나오는 말이 "절 용서해 주세요. 하찮은 저를 예수님 앞에 세워 주셔서 감사합니다. 또 예수님을 예배하고 찬양할 수 있어서 감사합니다." 이 말뿐이 안 나왔다. 하나님과 예수님께 너무 죄송했다. 예수님께서는 날 위해 십자가에 못 박히는 말로 할 수 없는 고통을 받으셨는데, 난 그걸 알면서도 수많은 죄를 짓고 그랬던 게 너무 부끄럽고 죄송하다. 나는 앞으로 여름성경학교에서 받은 은혜를 생각하며 하나님의 자녀가 되어 살고 싶다.

여름성경학교를 마치고, 초등부 4학년 최기쁨

사명선언문

너희가 흠이 없고 순전하여……세상에서 그들 가운데 빛들로
나타내며 생명의 말씀을 밝혀 _ 빌 2:15-16

1. 생명을 담겠습니다
만드는 책에 주님 주신 생명을 담겠습니다.
그 책으로 복음을 선포하겠습니다.

2. 말씀을 밝히겠습니다
생명의 근본은 말씀입니다.
말씀을 밝혀 성도와 교회의 성장을 돕겠습니다.

3. 빛이 되겠습니다
시대와 영혼의 어두움을 밝혀 주님 앞으로 이끄는
빛이 되는 책을 만들겠습니다.

4. 순전히 행하겠습니다
책을 만들고 전하는 일과 경영하는 일에 부끄러움이 없는
정직함으로 행하겠습니다.

5. 끝까지 전파하겠습니다
모든 사람에게, 땅 끝까지, 주님 오시는 그날까지
복음을 전하는 사명을 다하겠습니다.

서점 안내

광화문점	서울시 종로구 새문안로 69 구세군회관 1층 02)737-2288 / 02)737-4623(F)
강남점	서울시 서초구 신반포로 177 반포쇼핑타운 3동 2층 02)595-1211 / 02)595-3549(F)
구로점	서울시 동작구 시흥대로 602, 3층 302호 02)858-8744 / 02)838-0653(F)
노원점	서울시 노원구 동일로 1366 삼봉빌딩 지하 1층 02)938-7979 / 02)3391-6169(F)
일산점	경기도 고양시 일산서구 중앙로 1391 레이크타운 지하 1층 031)916-8787 / 031)916-8788(F)
의정부점	경기도 의정부시 청사로47번길 12 성산타워 3층 031)845-0600 / 031)852-6930(F)
인터넷서점	www.lifebook.co.kr